U0939700

基于生态位理论的战略性新兴产业集群协同发展研究

龙 跃 著

中国财经出版传媒集团
经济科学出版社
Economic Science Press

图书在版编目（CIP）数据

基于生态位理论的战略性新兴产业集群协同发展研究/龙跃著．—北京：经济科学出版社，2020.3
ISBN 978－7－5218－1389－0

Ⅰ.①基… Ⅱ.①龙… Ⅲ.①新兴产业－产业发展－研究－中国 Ⅳ.①F279.244.4

中国版本图书馆CIP数据核字（2020）第041429号

责任编辑：李　雪
责任校对：靳玉环
责任印制：邱　天

基于生态位理论的战略性新兴产业集群协同发展研究
龙　跃　著
经济科学出版社出版、发行　新华书店经销
社址：北京市海淀区阜成路甲28号　邮编：100142
总编部电话：010－88191217　发行部电话：010－88191522
网址：www.esp.com.cn
电子邮箱：esp@esp.com.cn
天猫网店：经济科学出版社旗舰店
网址：http://jjkxcbs.tmall.com
固安华明印业有限公司印装
710×1000　16开　14.25印张　210000字
2020年3月第1版　2020年3月第1次印刷
ISBN 978－7－5218－1389－0　定价：56.00元
（图书出现印装问题，本社负责调换。电话：010－88191510）
（版权所有　侵权必究　打击盗版　举报热线：010－88191661
QQ：2242791300　营销中心电话：010－88191537
电子邮箱：dbts@esp.com.cn）

本书由以下单位和项目共同资助：

1. 教育部人文社会科学重点研究基地重庆工商大学长江上游经济研究中心

2. “三峡库区百万移民安稳致富国家战略”服务国家特殊需求博士人才培养项目

3. 重庆现代商贸物流与供应链协同创新中心

4. 国家社科基金资助项目：基于生态位理论的战略性新兴产业集群协同发展研究（编号：15BGL010）

5. 重庆工商大学“创新型国家建设与‘一带一路’绿色发展”创新团队项目（编号：CJSYTD201705）

6. 电子商务及供应链系统重庆市重点实验室

前　言

本书是基于2015年立项的国家社科基金一般项目《基于生态位理论的战略性新兴产业集群协同发展研究》的研究报告修订完成。

战略性新兴产业主要指以重大技术突破与重大发展需求为基础，对国家经济发展、社会进步具有重大引领和长远的带动作用，并且具有知识技术密集、资源消耗较少、成长潜力大、综合效益好等特征的产业。集群是产业发展的有效模式，战略性新兴产业集群是指能够在未来成为主导产业或支柱产业的新兴产业集群。当前，步入新常态下的中国经济更需要增强战略性新兴产业的支撑作用。党的十八届三中全会指出：培育战略性新兴产业集群是我国建设创新型国家的重要国家战略决策。相对于传统产业集群，战略性新兴产业集群除了地理临近性等特征外，还具有显著的生态性、创新驱动性等新特征。然而，作为“后发”国家，我国战略性新兴产业集群发展中还面临产业技术储备不足与市场培育相对滞后并存等诸多问题，阻碍了其向纵深推进。本书以解决上述问题为出发点，以技术、市场、制度等为切入点，以生态位关系、生态位因素、生态位维度和生态位治理为主线，通过开展生态位关系分析、生态位因素分析、生态位适宜度评价等，提出生态治理机制，推动战略性新兴产业集群协同发展，本书的主要研究思路如下：

第一，融合产业集群、技术经济范式、创新生态系统、生态学等理论对战略性新兴产业集群框架、演化过程及发展阶段等进行了详细分析，指出战略性新兴产业集群发展具有生态特性，由此，从生态系统理论的角度探讨了战略性新兴产业集群发展的生态特性，设计了战略性新兴产业集群协同发展模式，并对模式中的生态位关系协同、生态位因素协同、生态位维度协同、生态位治理协同等进行了初步分析。

第二，为探究生态位关系协同对集群产业技术创新的影响，针对集群中的各主体知识交互具有生态性、各种群主体交互具有生态演化等新特征，基于博弈论、种群动力学等理论，分别构建基于知识生态交互的产业技术创新协调模式、基于知识生态螺旋的产业技术双元创新协调模式、基于知识生态耦合的产业技术创新双调节模式，探索知识交互下战略性新兴产业集群技术创新的演化规律。

第三，为探究生态位因素协同对集群发展的影响机理，基于知识交互关系及演化分析结论，融合经济学、运筹学、生态学等理论，设计了战略性新兴产业集群协同发展生态位因素筛选原则，对相关生态位因素进行了筛选，指出可能影响战略性新兴产业集群发展的生态位因素，以北京中关村自主创新区为研究对象，基于熵权—灰色关联分析法开展了实证研究，测算了该地区资源生态位、技术生态位、市场生态位、服务生态位、制度生态位等因素与净利润的灰色关联度，剖解影响集群经济效益增长的根本原因；以工业总产值、净利润、实际上缴税费总额等为集群发展指标，构建结构方程模型，重点分析了服务生态位、制度生态位对产业集群发展的影响机理，由此提出促进该类产业集群发展的对策建议。

第四，为探究生态位维度协同对集群发展的影响机理，结合对集群协同发展中的关键影响因素分析，从市场匹配、技术创新匹配、资源匹配等方面选择合适指标，构建集群发展的生态位适宜度评价模型，结合北京中关村各园区发展的典型案例及数据，评价战略性新兴产业集群生态位状态，揭示集群发展生态位优化条件，为优化支撑集群发展环境提供参考依据。

第五，综合上述研究结论，从生态位治理角度，基于生态学理论，丰富和完善了基于生态链协同发展的创新生态系统演化机制、基于共生的协同创新治理机制、基于再生的商业模式创新协同机制、基于共栖的全球竞争合作协同机制，为战略性新兴产业集群协同发展提出操作路径。

本书通过大量理论分析、实地调研和数据分析等，取得的创新主要体现在以下方面：

（1）构建战略性新兴产业集群协同发展模式，深化产业集群传统理论研究。本书通过深度剖析战略性新兴产业集群的结构、演化过程等，发现战略性新兴产业集群存在的生态特征。有别于传统研究仅从产业集群、产业技术创新等理论视角的探索，本书从生态关系视角，融合产业集群、生态位等理论，从生态位关系协同、生态位因素协同等构建该类产业集群协同发展模式，拓展了产业集群、产业技术创新等传统研究的视域，使产业集群理论进入新的研究领域和更深的研究层次。

（2）开展数理建模及模拟分析，拓展了产业技术创新传统的建模与分析方法。本书基于改进的 Lotka – Volterra 模型研究知识交互关系及演化机理，融合效用模型、AJ 模型等研究创新投入与产出关系，以此揭示产业技术创新协调机理，拓展了产业技术创新传统的建模与分析方法。

（3）构建战略性新兴产业集群生态位因素指标体系，揭示了集群发展的新机理。通过设定生态位因素筛选原则，遴选生态位因素指标，分别以净利润、工业总产值、上缴税收总额等为指标，构建结构方程模型等，开展实证研究，探讨了集群发展的影响因素及作用路径，揭示了战略性新兴产业集群发展的新机理。

（4）从生态位治理角度提出协同发展机制，推动该类产业集群快速发展。基于生态位关系协调、生态位因素分析、生态位适宜度评价等研究结论，结合“后发”国家或地区战略性新兴产业集群发展特点及关键环节，从生态位治理角度，丰富和完善了四种产业集群协同机制，为深度推动该类产业集群的发展提供理论参考和实践指导。

本书具有以下方面的理论价值和现实意义：

（1）理论价值。①丰富和拓展产业集群的传统理论。针对战略性新兴产业集群在知识交互、种群交互等方面呈现的生态性等新特征，本书将知识管理、博弈论、生态学、产业集群等理论进行融合，构建战略性新兴产业集群协同发展架构，扩大了产业集群传统理论的研究视角，丰富其理论内涵，拓展其外延。②构建新的产业技术创新数理模型。融合效用函数、AJ模型和改进Lotka–Volterra模型等开展建模与仿真，构建产业技术创新协调模式，探究进而剖析跨组织知识资源配置对战略性新兴产业集群的影响机理，是对传统演化均衡建模方法研究的升华，也拓展了产业集群的传统建模方法；提出存量知识、投入知识等为主体的知识交互关系，通过对其中生态位的调节，给出了知识资源配置的相关路径，有望推进知识生态系统理论研究。③揭示战略性新兴产业集群发展新的机理。以战略性新兴产业集群为研究对象，设计生态位因素指标体系，结合北京中关村等发展数据，通过分析资源生态位、技术生态位、市场生态位、服务生态位、制度生态位等对产业集群发展的影响因素，开展生态适宜度评价，有望揭示该类产业集群发展的关键影响因素及作用机理，有利于丰富和拓展战略性新兴产业集群理论。

（2）实践意义。①有利于为下一步制定并优化战略性新兴产业发展的顶层设计提供理论参考。集群化是战略性新兴产业发展的有效模式，是诱发该类产业集群快速发展的重要途径。本书选题紧扣党的十八大、十九大精神，以构建创新型国家的宗旨为导向，把协同发展作为该类产业集群发展的重要突破方向，通过分析战略性新兴产业集群发展的影响因素，揭示作用机理，并对不同产业集群中的技术、市场等生态位适宜度开展评价，由此提出推动集群协同发展的对策建议，为推动我国战略性新兴产业顶层设计提供理论、实证和经验支持，研究成果对于“快速培育与发展战略性新兴产业集群”“落实我国建设创新型国家的重要决策”具有重要的现实意义。②有利于优化战略性新兴产业生态发展环境。战略性新兴产业集群具有较强的关联效应、知识溢出和扩散效应，能够创造新的市场需求，而成为该类产业发展的主要组织形式。本书强调技术与资源、服务、市场、制度等生态协调发展，通过结合实证研究，利用市场的最优化配置手段最终实现其经济与社会利益的最大化，以此优化产业生态发展环境，塑造产业竞争优势，推动该类集群快速发展，进而消减“后发”国家（或地区）在技术、市场、服务、制度、资源等方面面临的诸多问题，不断探索适应我国国情的产业发展模式、路径、政策等，有利于促进我国的战略性新兴产业与传统产业协调发展，对于推动大量“后发”战略性新兴产业集群的快速、健康发展，乃至推动供给侧结构性改革具有广泛的应用价值。另外，本书揭示的影响战略性新兴产业集群发展的因素，构建的集群发展生态位适宜度评价模型在一定程度上反映了集群发展的“抓手”，由此提出促进战略性新兴产业集群协同发展机制为推动集群发展提供了具体实施路径。③构建的动态数据库反映了产业集群发展状态。本书通过界定战略性新兴产业集群的概念、范围，以中国的高新区为切入点，通过对国家自主创新示范区的追踪研究，利用各地统计年鉴以及官方网站披露数据，结合对北京中关村、成都高新区、重庆高新区等地的实地调研，先后收集、整理并分析指标体系，构建了北京中关村、中关村8园、武汉东湖等产业集群发展数据库，该数据在一定程度上反映出我国典型战略性新兴产业集群的发展状态，这也为下一步深度研究战略性新兴产业集群发展打下了良好的数据支撑基础。

第1章

绪　　论

1.1 研究背景

1.1.1 战略性新兴产业发展背景

自2008年国际金融危机之后，全球经济增长持续低迷，面临新一轮的调整，世界各国积极谋求摆脱经济危机的新路径。从全球范围来看，战略性新兴产业对于推动全球社会进步、经济转型具有重要的战略价值。

（1）社会进步的迫切需要。在全球化和可持续化发展过程中，人类经济社会发展对环境与资源的需求超出了地球生态系统的供给能力，生态环境质量持续下降、全球变暖、能源危机等已成为世界各国普遍面临的问题，为应对由此带来的经济不平等、社会两极分化以及环境风险等挑战，迫切需要培育并壮大战略性新兴产业，化解经济发展与社会进步之间的矛盾，推动生态文明与可持续建设，实现经济与社会的协调、可持续发展，这已成为世界各国推动社会进步的必由之路。

（2）经济转型的迫切需要。自 2008 年国际金融危机发生以来，波及全球进出口、外汇储备、投资等多个领域，全球产业结构影响严重，具体表现为：一是全球范围内需求减少，导致传统产业规模缩减并进行结构调整；二是发达国家通过生产关系、生产方式、技术、制度等创新，推动“再工业化”战略，使工业重新焕发强大生命力和竞争力，对世界经济增长格局带来巨大影响；三是原有国际产业分工与转移布局已被打破，尚未形成新的格局；四是为取代以牺牲环境为代价的粗放型增长模式，各国纷纷加大科技创新与成果转化，发展低碳经济，培育新的经济增长点，促进经济、生态、社会等可持续融合发展，转变与升级产业结构，推动新一轮经济增长。

（3）科技创新带来的契机。为摆脱 2008 年金融危机带来“后危机时代”，走出经济衰退的窘境，世界各国加大科技创新力度，在新一代信息技术等领域研发新兴技术，发展新模式、新业态、新产业，以发展战略性新兴产业为“突破口”积极调整产业结构，支持新经济发展。国外发达国家经济发展经验表明：通过实施科技创新、促进技术进步，对于推动经济结构调整和社会发展具有明显价值。为此，世界各国不断探索新的科学领域、开展理论创新、研发新兴技术和产品、适时布局与发展战略性新兴产业，抢夺科技发展高地和加快经济结构调整步伐，实现经济振兴，打造新的国家、区域竞争优势，抢占新一轮国际竞争制高点。

除此之外，在这一轮战略性新兴产业发展过程中，世界各国对其发展目标已经形成共识——主要是依靠社会先进科学技术的发展，并注重经济效益与社会效益的协同发展，在促进经济增长的同时，保护生态环境、节约能源资源等，并且充分考虑充消费者个体需求。从全球范围来看，众多国家将智慧增长、绿色增长作为可持续发展的基本原则，大多数国家普遍将节能环保、低碳能源、新能源汽车、宽带网络、生物医药、绿色材料、智能制造等领域作为战略性新兴产业发展的首选产业

（薛澜等，2013），上述产业的培育与发展，将对人类的生产生活、经济社会发展产生重大影响，有望推动新一轮的产业革命。

近年来，全球发达国家先后出台战略性新兴产业发展战略，如美国制定了《美国国家创新战略》《重整美国制造业政策框架》等纲领，日本颁布了《面向光辉日本的新成长战略》，韩国发布了《新增长动力规划及发展战略》，英国提出了《建设英国的未来》等。其中，美国在《重整美国制造业政策框架》明确了"再工业化"政策，再次将制造业纳入美国经济发展中的核心地位，这也表明美国在体制创新方面实施新的战略。这些新的战略举措表明，世界各国（尤其是发达资本主义国家）正在抓紧时机、强化力度（如投资领域集中、投资额度增大等）发展战略性新兴产业，以抢夺新一轮产业竞争的制高点。以新能源、新材料、新一代信息技术等为代表的第四次产业革命正在到来，特别是信息技术、生物技术、制造技术、新能源技术等相互广泛渗透，推动了以绿色、智能等为特征的群体性重大技术变革，引发全球产业分工的重大调整，并推动了新兴产业高效、高速发展，对于全球经济社会结构调整产生重大作用，也正在改变世界各国之间的国家力量对比，这也为我国在新一轮的国际产业分工与竞争中带来了新的机遇与挑战。

1.1.2 我国对战略性新兴产业及集群的界定

根据《国务院关于加快培育和发展战略性新兴产业的决定》《"十二五"国家战略性新兴产业发展规划》等国家战略文件以及部分学者的定义，在我国，战略性新兴产业（strategic emerging industries）主要指是以重大技术突破与重大发展需求为基础，对国家经济发展、社会进步具有重大引领和长远的带动作用，并且具有知识技术密集、资源消耗较少、成长潜力大、综合效益很好等特征的产业（薛澜等，2013）。也有学者将其定义为："对国民经济、社会发展和产业结构优化升级具有全局性、导向性、长远性以及动态性等特征的新兴产业"（王忠宏等，

2010)，战略性新兴产业本质上是战略产业和新兴产业，是两类产业的“汇集”，其技术发展呈现出“战略性”与“新兴性”并存特点，其产业发展呈现出未知性、早期性、不确定性等并存特点，并表现出明显的技术创新驱动发展特征，未来有望成为主导产业或者支柱产业（霍国庆等，2017）。

培育与发展战略性新兴产业已成为世界各国实施创新驱动发展战略的重要“抓手”，而战略性新兴产业形成与有效发展可以通过集群化发展程度来体现（张治河等，2014）。战略性新兴产业集群是产业集群的一种衍生形态，这类产业集群中承载的产业有望成为未来的主导产业或者支柱产业。从微观角度来看，这类产业集群中的战略性新创企业通过发挥示范、引领、辐射等作用，吸引某一地理范围内更多的新创企业及相关支持机构（如供应商、科研院所、高校等）加入而形成集群（刘志阳等，2010）。在产业发展过程中，实施集群式发展具有明显的优势，具体表现为：一方面政府或者市场核心组织，可以对集群这一“经济特区”实施一些“特殊”的产业扶持政策或者产业发展举措，推动其按照某一方向发展；另一方面通过集群化发展，在地理上、知识上等方面实施聚集，形成了链条化、群落化等特征，有利于科技创新、产品开发和市场扩散，由此迅速培育并壮大该类产业（林学军等，2012）。因此，这类产业集群除了继承传统产业集群的特点（如地理临近性、关联性与互补性等)，还表现出明显的创新驱动发展、知识转移与溢出增强、产业指向与放大、技术与市场不确定等特征（林学军等，2012；孙晓华等，2014）。

1.1.3 国外战略性新兴产业集群发展经验启示

（1）国外战略性新兴产业发展模式分析。

从全球产业更替历程以及社会发展来看，战略性新兴产业已成为世界各国谋求经济发展的新动力，也是学术界和产业界关注的焦点和热点，而集群化是该类产业发展的有效模式和主要途径。从全球范围来看，国外“先发”国家（如美国、日本、韩国、芬兰等）在培育与发展战略性新兴产业方面积累的模式、路径等，为我国培育、壮大、繁荣该类产业提供了一定经验启示，具体表现为（李扬等，2010；刘志阳等，2011）：

①市场主导的发展模式。这类模式主要产生于技术储备相对丰富的国家与地区，如美国“硅谷”与“128 号公路”、英国剑桥科技园、印度班加罗尔软件产业集群等，这类集群更多的是依靠企业自身的创新能力来演进，是典型的“产学研用合作模式”，其模式发展的特点表现为：第一，在该类模式中，企业是科技投入的主体、合作创新的主体和科技成果转化的主体；第二，在科技创新过程中，高校和科研院所主要围绕企业的实际需要以及市场经济的需求展开，研发成果具有明确的市场导向；第三，另外，科技中介组织在产学研用合作中起到重要桥梁作用；第四，资本市场得到有效健全，风险投资成为“产”“学”“研”“用”顺利开展的有力保障。

②政府主导的发展模式。该类模式主要取决于政府意志，如法国索菲亚科技园、第二次世界大战后日本发展新兴产业等。这类模式典型的措施包括：第一，强化科技在产业发展中的优先地位，颁布帮扶新兴产业发展的产业政策；第二，政府制订和实施大型科技计划，并不断完善研究开发补助金制度；第三，建立科学工业园区，实施特殊“经济政策”，包括在土地、财政、金融、税收等方面出台倾斜政策，培育与推动战略性新兴产业集群发展。

③政府与市场相结合的发展模式（刘铁等，2011）。这类模式重点强化需求侧和供给侧的同时发力，如韩国大德科技园区等，这类模式的特点是：第一，在供给侧方面，强化创新驱动。一是加强基础研究，增加原始创新理论与技术储备，快速推动从“模仿追赶型”向“创造先导型”转变。二是强化科技创新在产业发展中的关键地位，在核心与关键技术上不断突破，增强核心竞争力。三是注重优秀专业人才培养，为产

业发展注入活力。第二，在需求侧方面，强化市场牵引。一是不断优化相关产业政策、法规，完善市场监管，培育并发展竞争有序的市场，构建良好的制度环境。二是针对产业间不断融合与环境的变化，建立健全相关的扶持法规，重点针对公共需求，在新兴产业初期市场提供支持，起到示范、引领作用。三是推动认证体系、标准化、国际化等基础能力建设，为抢占国际市场奠定基础等。

④多主体服务创新模式。该类模式主要强调充分调动与发挥各类主体的服务价值，如芬兰等。与美国、日本、韩国等发达国家相比，芬兰是一个国土面积狭小、资源相对稀缺的小国，但该国通过突出公私协作，优化金融环境，举国家之力扶持、引导私人资金参与科技项目投资，优化资源配置，取得了较为明显的成效，国家竞争力得到大幅提升，多次被《全球竞争力报告》（由世界经济论坛发布）排在第一位，被公认为创新型国家。究其缘由是芬兰为了实施战略转型，推动经济增长，形成了以国家政策、非营利性执行团队、地区载体为主的多主体服务创新模式，该模式的特点是：第一，政策上提出“技能中心计划”，要求全面实施该计划，汇聚国家和地方资源，充分调动高级专家的“核心”科研价值，促成产业集群，形成服务创新机制、模式；第二，建立科技园区，形成企业、科研机构和高校“三位一体”的产学研平台，促进园区内技术和知识的转移；第三，园区内形成众多的子产业集群，根据各类产业需要培育特定的专业化服务组织（如风险投资、中介服务等），为集群提供多元化服务，优化载体功能。

（2）国外战略性新兴产业发展动力分析。

综上所述，从国外战略性新兴产业集群发展模式、路径等来看，其特点主要表现为（薛澜等，2013；宋歌，2013）：

①科学技术已成为新兴产业集群发展的核心动力。21 世纪以来，新一轮的科技创新得到广泛关注和普遍重视，实现了全面、快速发展，并在多个领域、多个层次得到了密集突破和融汇贯通，由此催生出的新兴产业正带动经济社会全面革新，诱发新的产业革命，并且呈现出单个突

破、群体涌现、融合发展等新趋势，具体表现为：新一代信息技术、生命科学、新能源、新材料等多个学科不仅实现了自身的快速突破，积累了新理论与新技术，上述领域还通过相互交叉、融合发展，形成了新的理论、方法和技术，如通过融合计算机科学、心理学、哲学等推动了人工智能的形成与发展。

②科技创新和成果转化速度大大加快。在科学研究上的多点突破与技术发明创造的交叉融合，以及商业模式的应用与创新，加快了科技创新、产品开发、市场扩散的速度，推动了战略性新兴产业集群的培育与快速发展，新的经济增长点正在形成。如以云计算、大数据、人工智能、新能源等为代表的新兴技术快速发展，并实现了与传统制造、智能制造等深度融合，推动了信息产业、大数据产业、高端装备产业等快速崛起。

因此，牢牢抓住科技创新带来的契机，实施以科技创新为核心、多种创新并举的创新驱动发展战略，快速推动成果转化，是培育与壮大战略性新兴产业的重要“抓手”。

（3）世界各国发展战略性新兴产业对我国的经验启示。

综上所述，技术与市场是战略性新兴产业培育与发展的核心要素，同时，国外该类产业集群发展历程、模式、动力等为我国培育、壮大、繁荣相关产业集群提供了经验启示：

①发展目标和创新方式选择方面。众多国家在选择该类产业发展目标时，在强调经济效益的同时，也十分重视对于生态环境的保护、注重社会效益，实现生态发展、绿色发展、协调发展等，强化新一轮的产业创新和可持续发展；在创新方式选择上，普遍以科技创新为核心，商业模式创新为突破点，利用多种创新并举推动新兴产业发展。

②发展模式选择方面。美国、日本、韩国、芬兰等国形成的典型发展模式主要包括：政府引导型、市场主导型、政府与市场结合型以及多主体服务创新型，其共同特征是：第一，政府负责宏观调控，出台相关法律法规、税收优惠政策等，企业根据市场需求生产；第二，官产学研

结合，有利于集群的发展和研发成果的转化；第三，注重研发投入和高科技人才的引进、管理与服务；第四，鼓励多层次创新创业、对新创型企业扶持力度大。

1.1.4 国内战略性新兴产业集群发展现状

（1）我国发展战略性新兴产业集群的背景与价值。

近年来，随着改革开放进入“深水区”和创新驱动发展战略的全面落实，我国科技创新得到普遍重视，部分创新领域开始进军“无人区”；同时，经济保持中高速增长并超越了英法德日等国，已进入世界主要国家前列，但是发展过程中面临的结构性矛盾依然突出，如高新技术产业占比低、服务业发展滞后、高投入与高能源消耗等，供给侧结构性改革任务艰巨，而现代服务业、高端制造业和新兴信息产业等高附加值产业是我国产业结构中的“短板”，调整与优化产业结构、改变经济发展方式迫在眉睫（周晶等，2012）。

尤其是自2008年金融危机发生以来，全球经济受到巨大冲击，全球经济布局面临重新调整，我国传统产业集群发展过程中原有的劳动力、土地等传统优势正逐渐丧失，迫使政府与企业在体制机制、政策补贴、技术创新等领域进行深度改革以共同推动集群的转型升级（黄纯等，2016）。面对中国经济发展的“新常态”，经济增长方式从资源投入与消耗向提高资源利用率转变，经济增长动力正在从要素驱动、投资驱动转向创新驱动，创新驱动发展逐渐成为经济增长的“新引擎”（王伟光等，2015）。在此背景下，战略性新兴产业已经成为我国科技创新、产品开发、市场结构优化等新焦点，国家及各级政府利用各种政策“红利”，培育、壮大、繁荣该类产业，力争在未来经济竞争中抢夺“制高点”（洪勇等，2015）。

战略性新兴产业能够迅速吸收先进的科学成果、创造较高的生产效率和更多的附加价值、创造新的市场需求，加上该类产业发展过程中与其他产业间的关联度高，已成为我国当前推动供给侧结构性改革的重要抓手。在新一轮产业革命中，作为“后发”国家，我国的产业技术储备不足，要争夺科技与经济发展的高地，实现“弯道超车”，必须坚持创新驱动战略，顺应技术和产业融合发展趋势，以重大技术突破和重大发展需求为基础，以知识技术密集、物质资源消耗少、综合效益好为前提，以集群为主要发展形式，遴选和培育战略性新兴产业，实现科技与产业发展的新融合、新突破，推动战略性产业发展和驱动传统产业转型升级。

当前，受全球经济结构调整的影响，加上我国正面临转变经济发展方式、逐步升级产业结构等重大发展任务。党的十九大明确指出，创新是引领发展的第一动力，是建设现代化经济体系的战略支撑，在全国大众创业、万众创新浪潮和以科技创新为核心的创新驱动发展战略部署下，为培育和发展经济增长的新动力，全面推动供给侧结构性改革，国家高度重视战略性新兴产业培育与发展，先后出台《关于加快培育和发展战略性新兴产业的决定》《“十二五”国家战略性新兴产业发展规划》《“十三五”国家战略性新兴产业发展规划》等系列战略规划，从顶层制定了该类产业发展目录（如将七大产业作为现阶段培育与发展的重点产业），阐明了相关概念和内涵，明确了发展目标、实施路径，引导各级政府、企业聚焦发展新兴产业（如节能环保等七大行业）的方向，推动该类产业向品牌化、规模化发展，力争快速培育、壮大、繁荣该类产业。其中《“十三五”国家战略性新兴产业发展规划》（2016～2020）明确提出了具体实现目标：到2020年我国的战略性新兴产业增加值占国内生产总值比重达到15%，到2030年战略性新兴产业将成为推动我国经济发展的主导力量。

（2）战略性新兴产业集群发展的“两手”推动作用分析。

我国属于“后发”战略性新兴产业发展国家，面临着传统产业转型升级与发展战略性新兴产业并存等双重问题，在战略性新兴产业发展过程中涉及的技术、市场乃至发展模式既受国外产业影响，也受本国原有经济结构的影响，从总体来看，政府和市场这“两手”是该类产业集群发展的主要推动力量，并形成了一定的发展启示：

在不同的发展阶段，形成了不同的主导力量，如在种子期，通过政府主导，制定相应战略规划，遴选、培育战略性新兴产业；在培育期，通过政府引导，出台系列财政、税收等优惠政策，聚集大量新创企业、科研院所、高校等组织，初步形成战略性新兴产业集群的雏形；在成长期，通过政府引导和市场推动，进一步完善创新体制与机制，组织间的分工与协作关系得到进一步完善，集群中的组织数量与结构得到进一步优化，产出一批知识与技术成果，经济效益与社会效益逐渐扩大；在成熟期，在市场主导下，形成完善的市场机制，集群中的组织数量及关系相对稳定；在衰退期，集群中企业组织数量开始减少，创新减弱（张治河等，2014）。

（3）我国战略性新兴产业集群培育路径、发展总量与分布。

近年来，国家高度重视发展战略性新兴产业，据国家工业信息安全发展研究中心等发布的《工业和信息化蓝皮书：战略性新兴产业发展报告（2016～2017）》指出：2017 年战略性新兴产业增加值占 GDP 的比重达到 10% 左右；由中国工程科技发展战略研究院编著的《中国战略性新兴产业发展报告》则详细阐述了我国战略性新兴产业面临的挑战和重大部署等；《“十三五”国家科技创新规划》中实施的 100 项重大工程与项目中，超过一半与战略性新兴产业相关。

在国家及各级地方政府重视下，在各类组织的高度参与下，我国的战略性新兴产业集群逐渐步入正轨，形成了一定的影响力（周晶，2012）。从总体发展来看，其培育与发展途径包括：一是依托现有园区（如经济技术开发区、产业园区、科技园区等），不断注入和强化科技创新与成果转化，推动产业转型升级，目前已经形成 100 余家高新技术园区和近 20 家国家新区（截至 2016 年年底，全国共有 156 家国家高新区，按照科技部三类园区分类指导原则，其中世界一流高科技园区 6 家：北京中关村、武汉东湖、上海张江、成都高新区、深圳高新区、西安高新区；创新型科技园区20余家：宝鸡、常州、大庆、广州、杭州、合肥、济南、洛阳、宁波、青岛等；创新型特色园区12家：包头、保定、大连、桂林、惠州、江阴等），部分园区通过调整战略发展方向，实现了从传统园区向战略性新兴产业集群发展（如中关村国家自主创新示范区、武汉东湖国家自主创新示范区、上海张江国家自主创新示范区、深圳国家自主创新示范区、苏南自主创新示范区、成都高新区、重庆高新区等）。二是根据国家战略性新兴产业发展的整体布局与规划，以集聚区试点发展，新建战略性新兴产业试点区（如天津滨海新区、重庆两江新区、四川天府新区等）。

不难发现，现有自主创新示范区、国家新区等主要处于经济发达的东部、中部及沿海地区，呈现出“东高西低”的发展格局，上述地区的人才、资金等创新要素充裕，创新创业活动也相对比较活跃。

总的来看，我国通过对现有园区（如经济开发区、产业园区、科技园区等）进行持续优化、整合以及提档升级，培育了一大批战略性新兴产业聚集区以及试点区，打造了经济效率和价值创造的高地。但是，对比国外发达国家的相关产业园区科技投入、创新产出、规模等一些关键指标，上述园区尚处于产业集群发展的初级阶段，发展过程任重道远。

1.1.5 战略性新兴产业集群发展过程中面临的一些典型问题

发展战略性新兴产业是建设国家创新系统的重要组成部分，集群化是战略性新兴产业发展的有效模式和重要载体，我国的战略性新兴产业得到国家和地方的高度重视，各地区、产业在国家创新系统的总体规划与框架指导下，整合产、学、研、政、用等社会资源，培育并壮大战略性新兴产业集群，有效发挥创新驱动发展效应，逐步推动科技与经济的融合发展，确保国家、区域、产业经济可持续发展。

近年来，随着创新驱动发展战略的全面落实，“双创”战略的持续推进，通过多层次的政策引导与刺激，在政府与市场“两手”双重推动下，新兴产业集群发展迅速，在总量与规模上得到快速提升，具有区域和产业特色的产业集群正在形成，并不断壮大（如北京中关村等5家国家自主创新示范区）（宿慧爽等，2012），初步形成区域创新能力。

然而，相对于传统产业集群，该类产业集群具有显著的知识溢出性、创新驱动性、投入产出不确定性等新特征，依托创新驱动发展（刘志阳等，2010）；目前，我国各大区域在培育与壮大战略性新兴产业集群中依然面临关键技术缺失、创新成果低下、产、学、研协调度不高、多头管理、条块分割等技术、管理、组织问题（Liu et al.，2011；刘铁等，2012；洪勇等，2015）。同时，作为“后发”国家，一方面，我国需要同时发展战略性新兴产业与转型、升级传统产业，由于产业技术储备不足、资源配置有限等问题，传统产业不但难于在技术、设备、设施、人才等方面有效支援战略性新兴产业集群发展，而且在自身发展过程中（如转型、升级等）还需要吸收、消耗相关的技术、设备、人才等资源（陆立军等，2012），进一步削弱了支撑战略新兴产业发展的资源；另一方面，新兴产业往往面对“小众”市场，在该类产业培育与发展的初期，由于产品、用户等存在的诸多原因（如技术成熟度不高、用户认知度低、产品稳定性差以及价格偏高等）影响产品市场推广，加上基础设施配置不足，导致市场培育困难，阻碍了战略性新兴产业向纵深发展，甚至“夭折”。再次，从宏观角度来看，我国科技体制改革和经济发展尚处于转轨之中，并未从根本上解决科技与经济“两张皮”问题（顾新，2001；顾新，2005；陈勇江，2009；陆立军等，2012），现有战略性新兴产业集群发展过程中体制、机制依然存在不适应知识经济时代的现象，表现出明显的“市场失灵”：

（1）产业集群中主体能力与活力不够。在集群的培育和壮大过程中，集群内的新创企业、科研院所、高校等主体功能定位尚未完全明确，集群发展的活力与能力不够，主要表现在以下方面：一是集群内核心主体——战略性新创企业，创新的动力不足，投入不够，还没有真正成为产业技术创新主体，尚未充分发挥集群发展的主体功能作用和有效聚集创新力量，未能充分辐射和带动整个集群内的其他主体，进而推动产业集群发展；同时，产业集群中主体（如新创企业、高校、科研院所等）的原始创新与自主创新能力相对较差，自主研究与开发能力不足，尚未形成有效知识与技术储备。二是现行体制下，在创新链条中，各类科研机构依然分属于不同行业的单位或部门，“大而全”“小而全”的现象依然存在，专业化研究与开发能力不够，受行政和考评机制等影响，难以形成有效的跨组织分工与协作；同时，在产业集群发展过程中，科研分类评价体系还不完善、不健全，科研活动性质未能得到有效界定与分离，针对产业发展并由财政性科研经费资助的科研活动（如高校、科研院所等进行的科研活动）大量与市场脱节，未能有效转化或者成果转化率低。三是高校的功能主要集中于教学和科研，产业化功能有待进一步拓展，参与产业技术创新的大量高校尚未完全对接市场需要（或者对接程度较低），虽然某些科研成果产业化工作已取得一定成绩，但从总量来看，大量高校产业化功能还远远没有发挥，科技成果转化率还较低。由此可见，在推动产业集群发展过程中，科研院所和高校尚未充分发挥出自主创新的源头作用。

（2）产业集群支持力和承载力不足。影响战略性新兴产业集群发展的支撑体系包括：资金、人才、教育、文化、配套政策等要素，这些要素既包括社会发展形成的积淀，也包括政府规划与投入，共同形成了对战略性新兴产业集群的支撑体系。但目前上述要素形成了“星形”结构（即既有优势，还存在大量“短板”）。如从产业规划来看，各产业、各区域存在明显的产业与地域特点，由于在统一规划与配套制度等方面存在不足，还存在重复投入、竞争激烈、资源浪费等问题；从现有社会的投融资体制来看，战略性新兴产业集群的融资结构受到区域、行业等诸多限制，系统的风险投资体系尚未完全建立；从人才体制来看，作为支撑战略性新兴产业发展的关键要素——人才依然受到传统职称评审、业绩考评等诸多限制；从教育体制来看，学校在功能定位、办学思路、管理机制等方面未能跟上时代发展“步伐”，产教融合度不高，造成创新型人才培养与市场需求脱节。同时，传统教育模式培养出的学生存在创新意识不足、创造性不够等诸多问题，难以适应知识经济时代的要求，能够适应（甚至推动）新兴产业集群发展的人才还存在较大“缺口”；从文化氛围来看，鼓励探求未知的创新文化环境（如车库文化、硅谷文化、黑客文化等）尚未形成，社会学习与创新氛围不足，墨守成规、循规蹈矩等意识很大程度上阻碍了创新创业。综上所述，现有支撑体系难于为该类产业集群的发展提供有力支撑。

（3）产业集群发展的核心动力不足。现阶段，我国战略性新兴产业集群发展动力呈现出“政府引导与市场主导”相结合的特征。一方面，创新的市场需求不足，目前政府投入依然是该类集群发展的重要动力，但是政府尚未完全厘清与市场之间的关系与边界，现行宏观管理方式仍然带有一定的计划经济影子（如管得过宽、过细等），还存在直接介入创新活动、依托项目驱动创新等现象；政府对创新活动及绩效管的过严、过死，造成市场对创新需求不足（或者创新脱离市场需求），创新主体活力不够；同时，在引导创新创业过程中，政府各部门间缺乏有效统筹协调，对创新的激励、协调作用尚未有效发挥。另一方面，在市场的推动下，集群内各要素（尤其是知识、技术等关键要素等）之间的聚集、互动形成推动集群发展的动力，但要素间依然缺少有效互动、聚集和整合，进而影响集群发展动力和整体协调发展，市场机制对创新资源的配置作用尚未充分发挥（尤其是商业模式创新不足），导致创新资源的配置不合理，创新活动效率低下；集群内各主体间面向产业发展的长效合作机制尚未建立，有限的创新资源尚未得到充分利用与整合，支撑创新与创业的技术、知识等关键要素流动渠道不畅通，科技成果转化率不高，创新对产业发展的影响力有待进一步扩大。

综上所述，在该类产业集群发展过程中，在集群主体、政府、环境等多个方面还存在诸多问题，有必要通过系统分析该类产业集群发展的新特点，尤其是从技术、市场和制度等为切入点，利用理论演绎、实证研究等方法破解上述难题。

1.2 研究意义

步入新常态的中国经济更需要增强战略性新兴产业的支撑作用，以转变经济发展方式和优化经济结构。作为“后发”国家，我国战略性新兴产业集群发展的各个环节中，还面临产业技术储备不足、核心技术缺失、创新资源整合不足、市场培育相对滞后等诸多问题，阻碍了其向纵深推进。本书的过程和结论对于推动战略性新兴产业集群的培育与发展具有积极的理论价值和实践意义，具体表现为：

1.2.1 理论价值

（1）丰富和拓展产业集群的传统理论。针对战略性新兴产业集群在知识交互、种群交互等方面呈现的生态性等新特征，本书将产业集群、生态学、创新管理、知识管理等理论进行融合，构建战略性新兴产业集群协同发展模式，扩大了产业集群传统理论的研究视角，丰富了其理论内涵，拓展了其外延。

（2）构建新的产业技术创新数理模型。本书融合效用函数、AJ 模型和改进 Lotka – Volterra 模型等开展建模与仿真，构建面向战略性新兴产业集群的产业技术创新协调模式，探究进而剖析跨组织知识资源配置对战略性新兴产业集群的影响机理，是对传统演化均衡建模方法研究的升华，也拓展了产业技术创新的传统建模方法。同时提出以存量知识、投入知识等为主体的知识交互关系，通过对其中生态位的调节，给出了知识资源配置的相关路径，有望推进知识生态系统理论研究。

（3）揭示战略性新兴产业集群发展新的作用机理。以战略性新兴产业集群为研究对象，设计生态位因素指标体系，结合北京中关村等发展数据，通过分析资源生态位、技术生态位、市场生态位、服务生态位、制度生态位等对产业集群发展的影响因素，开展生态适宜度评价，揭示该类产业集群发展的关键影响因素及作用机理，有利于丰富和拓展战略性新兴产业集群理论。

1.2.2 实践意义

（1）有利于为下一步制定并优化产业发展的顶层设计提供理论参考。集群化是该类产业发展的有效模式，是诱发该类产业集群快速发展的重要途径。本书选题紧扣党的十八大、十九大精神，以构建创新型国家的宗旨为导向，把协同发展作为该类产业集群发展的重要突破方向，通过分析战略性新兴产业集群发展的影响因素，揭示作用机理，并对不同产业集群中的技术、市场等生态位适宜度开展评价，由此提出推动集群协同发展的对策建议，为推动我国战略性新兴产业顶层设计提供理论、实证和经验支持，研究成果对于“快速培育与发展战略性新兴产业集群”“落实我国建设创新型国家的重要决策”具有重要的现实意义。

（2）有利于优化产业生态发展环境。战略性新兴产业集群具有较强的关联效应、知识溢出和扩散效应，能够创造新的市场需求，而成为该类产业发展的主要组织形式。本书强调技术与资源、服务、市场、制度等生态协调发展，通过结合实证研究，利用市场的最优化配置手段最终实现其经济与社会利益的最大化，以此优化产业生态发展环境，塑造产业竞争优势，推动该类集群快速发展，进而削减“后发”国家（或地区）在技术、市场、服务、制度、资源等方面面临的诸多问题，不断探索适应我国国情的产业发展模式、路径、政策等，有利于促进我国的战略性新兴产业与传统产业协调发展，对于推动大量“后发”战略性新兴产业集群的快速、健康发展，乃至推动供给侧结构性改革具有广泛的应用价值。

（3）构建的动态数据库反映了产业集群发展状态。本书通过界定战略性新兴产业集群的概念、范围，以中国的高新区为研究对象，通过对国家自主创新示范区的追踪研究，结合各地统计年鉴以及官方网站披露数据，结合对北京中关村、成都高新区、重庆高新区等地的实地调研，先后收集、整理和分析了指标体系，构建了北京中关村、中关村 8 园、武汉东湖等产业集群发展数据库，该数据库在一定程度上反映出我国典型战略性新兴产业集群的发展状态，这也为下一步深度研究战略性新兴产业集群发展打下了良好的数据支撑基础。

1.3 国内外研究现状及分析

1.3.1 战略性新兴产业集群协同发展的相关研究方向

从全球范围来看，战略性新兴产业概念于 20 世纪 70 年代被提出，到 21 世纪兴起，尤其是 2008 年金融危机发生以来得到产业界和学界的高度重视。学界对于战略性新兴产业相关的概念进行了持续讨论，涉及的提法包括“emerging industries”“new industries”“the new and emerging industries”“newly emerging industries”等，这些概念涉及的行业范围广泛，使对战略性新兴产业界定边界不清晰，存在的特征也不聚焦，相关的统计口径也不标准。

近年来，随着我国创新驱动发展战略的深入推广，我国从国家顶层对相关的概念、内涵、目录等进行了明确的界定并进行了持续修正，形成的一种普遍共识是该类产业是“战略性产业”与“新兴产业”的交叉，是战略性产业演化过程中的初级阶段，战略性新兴产业集群是产业集群的一种特殊形式。由此，在相关的理论研究与方法研究方面逐渐得到聚焦，这些成果对于指导国内战略性新兴产业集群发展具有积极的理论价值。

基于此，本节以“产业集群”“战略性新兴产业集群”“战略性新兴产业”等关键词，通过检索《中国学术期刊网络出版总库（CAJD）》《战略性新兴产业数据库》（国务院发展研究中心）、springer、EBSCO-host等相关数据库，梳理和综述现有相关理论基础，探寻一般研究规律和揭示研究不足，探求未来可能的研究趋势，为下一步深入开展理论与产业政策研究提供参考和启示。

从国家宏观文件及部分学者对战略性新兴产业集群的定义和内涵来看，该类产业集群主要指某一区域内，在发展具有战略意义和未来指向性的产业时，处于核心地位的战略性新兴（或新创）企业发挥龙头、示范与引领作用，产生聚集和辐射效应，吸引更多的新创企业（或称新兴企业）、机构（如高校、科研院所、供应商等）形成的新集群（刘志阳等，2010），该类产业集群具有知识密集、创新驱动、社会化分工与协作、自我升级、产业放大、生态发展等多个显著特征。因此，支撑战略性新兴产业集群发展的相关的理论基础涉及产业集群、战略性新兴产业集群及特点、产业集群协同发展，以及向生态方面的延伸与融合等方面，上述理论的现有研究成果见表1-1~表1-5。

（1）产业集群及生态视角研究现状。

表1-1　产业集群及生态视角研究现状

名称	相关描述
概念	产业集群指一组同处于（或相关于）一个特定的产业领域内，因相似性和互补性联系在一起，在地理上靠近的、互相关联的企业和机构集合（Porter，1990；陈勇江，2009；刘志阳等，2010；Porter，2000）。集群化发展模式是世界各国和地区培育产业和提高产业竞争力、以及应对国际竞争的重要和普遍手段（Porter，1998）
特征	曹群（2006）指出产业集群中存在路径依赖性和行为惯性，表现出明显的专业化分工、地理临近、企业相互关联以及协同与溢出效应四大特性。产业集群发展过程是一个动态、持续过程，每个阶段形成机制也存在一定差异（Capello，1999）。阮建青等（2014）基于产业升级路径和集群演化理论，将产业集群分为数量扩张期、质量提升期、研发与品牌创新期三个动态演化阶段。李绍荣等（2018）使用1998~2007年中国工业企业数据库数据，尝试说明我国“雁阵模式”的发展现状和特殊性。研究发现：不同技术水平的产业在地区间呈现梯度分布，东部沿海地区仍然是技术水平最高的地区；并指出创新是提升产业结构、缩小地区间经济发展水平差距的关键因素

续表

名称	相关描述
划分标准	费瑟等（Feser et al.，2000）基于时间、联系、地理等维度，将集群分为潜在集群、现有集群、技术集群和新兴集群
研究趋势	古典经济学奠基人马歇尔（1964）曾强调经济学更接近生物学而非力学。产业系统构建应向自然生态系统学习，建立类似于自然生态系统的产业生态系统。在这样的系统中，产业内各组织间相互依存、互相联系，形成一个复合的大系统（Frosch，1989）。产业系统中的组织行为与生态系统中的种群活动具有相似性，产业生态学及产业生态进化理论将在未来产业经济发展中发挥巨大作用（Korhonen et al.，2005）。近年来，产业生态学逐渐被用于指导产业发展，该理论旨在借鉴对自然生态系统研究获得的一般规律，有目的针对某社会系统、自然系统和产业系统进行耦合、融合等优化（布林尼等，2003；袁增伟等，2006），如周浩（2003）基于生态学中的Logistic模型分析了卫星式产业集群、网状产业集群的企业共生模式。陈（Chen，2010）指出产业集群生态化发展方式指产业集群在外部政治、经济等环境影响与驱动下，整合集群内外部资源，实现生态发展。随着生态学在产业集群中研究的深入，将生态位思想融入产业发展管理和技术发展政策制定中得到了重视，由此，战略生态位管理理论被提出并得以发展（张炎炎等，2003；Kemp，2004；孙晓华等，2014）。肖特等（Schot et al.，2007）将技术生态位概念定义为突破性的、可持续发展的技术创新建立的一个避免与主流竞争的保护空间。叶芬斌等（2012）在技术生态位和技术演化的相关分析方法等方面开展了持续研究。王节祥等（2018）从产业集群生态系统视角，利用双边市场匹配机制促进资源重配，从而形成支撑集群升级的交易和创新双平台架构，实现集群生态治理

从产业集群的概念、特征、划分标准、研究趋势等内容来看：现有产业集群理论为战略性新兴产业集群的培育与发展提供了理论支撑，从生态视角研究产业集群的发展逐渐得到学者重视；研究还表明，将生态学融入产业集群的研究过程，有望拓展现有产业集群研究视角，丰富产业集群研究的理论与方法。

（2）战略性新兴产业集群及生态视角的相关研究。

表1-2　　战略性新兴产业集群及生态视角的相关研究

名称	相关描述
概念	主要指某一区域内，在发展具有战略意义和未来指向性的产业时，处于核心地位的战略性新兴（或新创）企业发挥龙头、示范与引领作用，聚集更多的新兴企业或机构（如高校、科研院所、供应商等）形成的新集群（刘志阳等，2010），这类产业未来有望成为主导产业或者支柱产业，目前还处于产业发展的初期

续表

名称	相关描述
特征	作为一种特殊的产业集群，除了具有传统产业集群的特征以外，战略性新兴产业还具有知识技术密集、创新驱动发展等新特性（薛澜等，2013）。有别于传统产业集群的资源特征，技术与知识资源是战略性新兴产业生存与发展的基础性资源（喻登科等，2012）。该类产业的发展受到市场需求、成长潜力、资源条件、产业结构等多种要素的累积性影响（岳中刚，2014）。孙等（Sun et al.，2010）认为战略性新兴产业在技术和市场方面存在不确定性。熊正德等（2011）指出金融支持在培育战略性新兴产业过程中具有基础与核心的关键作用，金融支持效率则成为决定产业繁荣程度的关键
发展过程中面临的问题	由于技术、知识具有公共产品的溢出性，战略性新兴产业相关的研究与开发活动将面临市场失灵、投资不足等问题（Tassey，2004；邵敏等，2012）。另外，从产业发展历程来看，在新兴产业发展初期，往往存在技术与市场风险高、资金不足等问题，需要政府对产业发展各环节进行必要的培育和扶持（李奎等，2012）。目前我国还没有形成完全意义上的市场经济，尚未完全建立适合该类产业发展的市场机制，通过差别性政策引导、资源投入、组织协调等调控，有利于降低该类产业发展的不确定性（许箫迪等，2014）
研究趋势	学者们逐渐重视战略性新兴产业集群中的技术、知识、产品、市场等新要素及其作用，并从多个视角开展研究。其中，不断将生态学与产业集群进行融合研究，并逐步从生态位理论的角度探索推进集群发展的有效路径：生态位的引入拓宽了研究视野和研究路径，运用技术生态位研究技术范式的变迁，是技术创新及其演化研究的有力工具（孙冰等，2013）。王启万等（2013）构建战略性新兴产业集群品牌生态系统有利于地方政府与企业创建和发展战略性新兴产业集群品牌。顾新等（2014）指出打造产业的创新生态系统，实现协同创新，也是推动该类产业发展的重要途径。生态位理论在集群中的应用和研究表明：技术生态位与市场生态位紧密的联系可以促进战略性新兴产业演化（孙晓华等，2014）

从战略性新兴产业集群的概念、特征、发展过程面临的问题、研究趋势等来看：在战略性新兴产业发展过程中，在技术、市场等方面还存在诸多问题，这些问题尚不能完全用传统的产业集群理论进行指导，现有理论还存在“缺口”，亟须基于多种理论、多个视角，探究新的理论框架，推动战略性新兴产业集群在知识、技术、市场等方面全面协同发展，而将生态学融合到产业集群中，提供了新的研究视角和机遇。

（3）战略性新兴产业集群的特点。

从人类产业发展及全球范围来看，在工业化进程中，当产业发展到一定阶段，必然产生集聚现象（即通过产业聚集，形成产业集群），这是企业谋求发展壮大的必经之路，也是国家和区域提升产业竞争优势，促进产业结构调整的重要路径。作为一类特殊的产业集群、战略性新兴产业集群除了兼具传统产业集群的特性以外，还具备一些新的特征，主要表现在以下方面（李扬等，2010；刘志阳，2011；林学军，2012）：

①高度集聚性与高度互动性。集聚性是产业集群在空间范围内的表现，是产业集群具有的共性特征。通过在地理上聚集创新主体（如战略性新创企业、科研院所、供应商、高校等），尤其是新创企业为主体，吸引其他创新主体，带动和辐射知识、技术、资金、人才等方面的聚集，进而促进创新主体、创新要素等方面的综合聚集，并通过交互影响，形成创新生态系统与创业生态系统。在系统内，通过各要素的相互影响、相互促进，发挥人才、资本、管理、技术等叠加与协同效应，进而充分释放该类产业集群的集聚优势。

互动性是该类产业集群的另一典型特征。在该类产业集群发展过程中，从科技创新、成果转化、产品开发到市场推广等系列过程中，每个环节的专业化分工特征明显，要求各类主体开展有效的分工与协作，才能推动集群的高效发展。地理上的聚集为集群成员提供了大量合作机会，而产业集群内的各主体之间属于非完全共同利益主体，在聚集与交互过程中，存在大量分工与协作行为，竞争与合作并存。因此，新创企业与高校、科研机构、供应商、服务机构等各类组织之间互动程度较高。

②高技术性与知识溢出性。从战略性新兴产业的定义来看，相较于其他产业而言，该类产业处于高新技术产业的发展前沿（或者高端环节），并对其他产业形成辐射效应，兼具高技术、高投入、高风险、高引领、高速成长等多个特征，其形成与发展过程对原始创新、颠覆式创新、高技术等依赖程度更高，对知识创新及知识转移亦有更高要求，知识与技术能否持续供给将对该类产业集群的形成和发展起基础作用。在战略性新兴产业集群中，新创企业、高校、科研机构、供应商等各主体

的知识与技术供给能力，以及多个主体间的产学研协同创新能力都十分重要。因此，知识与技术供给是该类产业集群形成和持续发展的根本动力。

集群的知识溢出性主要表现为集群内组织间知识的溢出与集群向外部组织的知识溢出。在该类产业集群形成与发展过程中，由于新创企业、高校、科研院所、供应商等各主体创新能力较强，各主体间合作频繁，单个主体存量知识（如原有历史积淀知识等）与增量知识（如新理论等）很容易在组织间转移与溢出，增加各主体的知识存量，推动新思想、新观念等在各主体间扩散，有望降低各主体的创新成本和创新风险、增强各主体的创新能力，进而推动集群的整体发展（刘志阳等，2010）。另外，当知识由集群内部向集群外部溢出时，有望形成产业技术创新、区域创新等创新高地。由此，利用集群的示范、引领、带动和辐射等作用，影响并吸收其他组织（如企业、高校、科研院所、供应商等）加入集群，进而扩大集群规模，释放区域创新效应，充分发挥产业集群的范围经济、学习效应、规模经济等联动价值。

③生命周期性与创新驱动性。与传统产业集群发展阶段类似，该类产业集群发展可以分为萌芽期（包括种子期）、成长期、成熟期、调整期以及更新或衰退等阶段。其中，在萌芽期内，产业集群规模较小，集群结构单一，集群内尚未形成有效的跨组织知识链、创新链；在成长期，产业集群规模逐渐变大，构建了以新创企业、科研院所、高校为主体的创新链、知识链、价值链和产业链，形成集群创新文化；调整期阶段，集群规模趋于饱和，集群主体及结构趋于稳定并实现了多元化，企业成为市场资源配置的主体，产出一批新技术和新产品；更新（或衰退）阶段，集群发展动力减弱，集群竞争力减小，逐渐退出市场。

与传统产业集群不同，新创企业是战略性新兴产业集群形成和发展的核心主体与关键力量，这类企业往往掌握着核心技术（如具有自主知识产权的关键技术等），并依托新技术开发新产品、新商业模式等开展市场竞争，由于其发展依靠知识、技术、制度等实现创新驱动，充当了该类产业价值链中高附加值的部分，具有较强的抗风险能力。在新创企业发展初期，由于缺乏相关管理经验、市场机遇，加上产业化与市场化时间较短，往往存在发展力量薄弱、规模较小等特点。但是，这类集群企业一旦在核心技术、管理、市场等方面实现全面突破，就有望快速推动新产品开发，迅速扩大市场，实现创新驱动发展，具有传统产业无法比拟的竞争优势。

④产业放大性与不确定性。在战略新兴产业集群形成与发展过程中，通过地理聚集，实施“特区政策”，组织间实现了网络化的竞争与合作：新创企业、高校、科研院所、供应商等主体通过“优胜劣汰”（如淘汰低附加值环节等）实现跨组织间关键资源（或稀缺资源、重要资源等）的最优配置，进而推动产业链的重组与优化；组织间通过分工与协作（如联合开发新产品、开拓新市场、建立生产供应链等），实现集群发展的范围经济和规模经济，在多个产业链中形成辐射作用。通过集群化发展，发挥群体效应，克服了单个组织独立经营存在的规模经济劣势。同时，集群内的公共物品在不同组织间得以有效共享，知识、技术等关键资源实现了高效传播，表现出明显的产业放大性。

同时，从科技创新到产品扩散之间往往被称为“死亡之谷”，战略性新兴产业的科技创新、产品开发、市场推广具有极大的不确定性，这种不确定性表现为：该类产业发展初期属于弱势产业，在核心技术、产品设计、市场需求和收益等方面均存在较大不确定性，一旦集群内新创企业、高校、科研院所等主体投入较大的人力、设施、设备、资本等，又无法获得相应投入收益，将直接造成投入主体巨大损失；除此之外，这种后果还会间接的产生负面影响，如打击各主体开展科技创新、成果转化、产业化等积极性，严重制约集群发展。另外，这种不确定性却给广大的“后发国家”或“后发地区”提供了“机会窗口”，通过实施科技创新、成果转化等，有望实现科技跨越和

“弯道超车”，抢占竞争的新高地，体现出该类产业的战略价值。因此，集群内的各主体通过知识共享、共同投资、风险共担、利益共享，有望降低科技创新、成果转化和产业化风险，降低集群发展的不确定性，推动集群的快速突破。

（4）产业集群协同发展研究现状。

表1－3　　产业集群协同发展研究现状

名称	相关描述
概念	德国学者哈肯（Haken，1983）首先提出协同概念，指出通过相互协调系统内各子系统，发挥同步或合作的联合作用以及整体行为，将产生1＋1＞2的协同效应。莫维利等（Mowery et al.，979）认为产业的形成、发展是一个非常复杂的过程，是科学技术和市场需求共同发挥作用的结果，二者缺一不可
协同的优势	在产业集群内二者协同作用明显，一方面，作为一种有效的载体和组织形态，产业集群为科学技术创新营造了良好的氛围，使其能够发挥外部经济效应；另一方面，通过实施科学技术创新，为产业集群的升级演化注入动力，推动和拉升产业集群发展，是提高其竞争力的重要手段（曹群，2006）。通过产业聚集能够构建紧密相连的创新网络关系，获得创新优势，如企业利用集群创新网络，搭建协同创新系统，共享与整合信息、知识、人才、技术等各类要素，开展协同研发和成果转化，有利于降低研发成本与风险，达到单一企业无法获得整体创新效应（Britton，2003；万幼清等，2014）。崔蕊等（2016）指出产业集群通过构建知识协同创新网络，能够促进知识的创新，推动知识和信息在区域内、集群内的交流和传播
研究趋势	赫里伯托（Heriberto，2005）从系统角度分析工业、农业、自然的关系，并指出产业生态系统具有稳定性和可持续性，强调工业生态化发展需要与工业、农业、自然等进行协同发展，在整个系统内保持稳定的“食物网”关系。龙（Long，2011）通过研究产业集群内企业的共生关系，指出随着产业集群的演化发展，集群内企业间相互合作、竞合协同发展加强，而逐渐减弱对环境、金融等外部依赖。喻登科等（2012）认为战略性新兴产业集群发展方式可以分为单核、多核和星形模式，以此从价值链角度提出了促进协同发展的策略。卡里姆（Karim，2013）通过探讨产业集群与集群中小企业的关系，指出集群内企业与集群外部协同发展，有望推动集群可持续发展。赵玉林（2017）实证分析技术融合引发新型竞争协同关系最终提升战略性新兴产业绩效的机理，指出放松产业管制，加强跨产业共性技术研发，促进跨产业间的技术融合，强化跨产业间的新型竞争协同关系，更有利于战略性新兴产业的规模扩大和绩效提升

从协同的概念、协同的优势、产业集群协同的研究趋势等来看：在产业集群培育与壮大过程中，通过整合资源、协同发展要素，有利于快速推动集群发展。但是，作为“后发”国家，如何结合“中国情景”的特点，抓住战略性新兴产业集群中技术、知识、产品、市场等存在的新特点，协调好各种要素（尤其是技术、市场、知识等关键要素）的生态位关系，厘清并优化集群中多主体、多要素之间的关系，由此快速推动集群发展还有待深入探讨。

（5）产业集群发展影响因素及研究方法方面。

表1－4　产业集群发展影响因素及研究方法

名称	相关描述
产业集群发展影响因素方面	陆小成（2008）指出产业集群协同演化的生态位整合因子可以分为四类，具体包括需求生态位因子、资源生态位因子、技术生态位因子和制度生态位因子。朱海燕（2008）基于产业集群竞争力、产业集群演化等理论，界定了产业集群升级的内涵，指出网络结构、知识行为、知识结构等是影响产业集群升级的关键要素。何彬等（2014）利用空间面板数据模型分析了知识整合、网络、风险资本、政府投资、中小企业的增量等因素对于韩国创新集群的影响，指出大企业及政府的作用是韩国创新集群发展中的重要因素。郭立伟（2014）对新能源产业集群形成影响因素进行了因子分析，指出产业要素因子、区域要素因子、融资要素因子是影响新能源产业集群发展的主要因素，并借鉴波特的钻石模型，从生产要素、市场需求、产业规模、产业配套、政府作用等方面设计与优化新能源产业集群形成时期政府主导的新能源工业园模式；并在后续研究中指出，影响新能源产业集群形成因素包括政府政策、制度安排、资本、技术、相关产业五个方面（郭立伟，2016）
产业集群发展绩效方面	赵波（2011）指出集群产出是指一定时期内产业集群产生的所有有用成果、劳务的总和及其货币表现，如产值、增加值、利润、利税、出口、科技、人才等。在实证测量过程中，产品创新、技术创新绩效和生态绩效三个方面。池仁勇等（2014）用集群产出能力（平均利润率）和集群成长速度（年均销售额增长率和年均利润增长率）两方面衡量集群的绩效。闫华飞等（2015）通过总结前人研究成果，用产业关联、主体交互、集群创新三类指标衡量产业集群发展绩效。罗颖等（2017）对产业集群创新绩效的度量从五个方面测算，分别是当年专利数量、工业总产值、新产品销售收入、创新项目成功率、新产品开发速度

续表

名称	相关描述
产业集群发展研究方法方面	闫华飞（2015）通过界定创业行为、创业知识溢出、产业集群发展绩效的三个维度变量，构建结构方程模型，开展实证研究分析了三者关系。罗颖等（2017）指出产业集群实施开放式创新体现在下游用户、上游供应商、核心竞争企业、互补企业、政府部门、大学和科研机构、知识中介机构、风险投资机构等之间的交流合作，并构建结构方程模型对开放式创新与产业集群创新绩效间的关系进行验证

从产业集群发展的影响因素、发展绩效和研究方法来看，需求、资源、技术和制度等是影响集群发展的重要因素；研究还表明可以从微观与宏观的角度测度产业集群发展绩效，而利用结构方程模型开展实证研究则是该类研究的有效手段和重要方法。

（6）产业集群发展评价指标与方法研究。

表1－5　　产业集群发展评价指标与方法研究

名称	相关描述
产业集群发展的评价指标	王战营（2013）从要素支持、政策支持、市场支持和环境维护四个方面，再细分为31项评价指标，评价了政府作用下的产业集群发展过程。颜永才（2013）从种群结构、创新环境、创新产出、可持续性四个方面构建创新生态系统健康的评价指标体系 唐建荣等（2015）从资源生态位、市场生态位、制度生态位、技术生态位4个“生态势”角度构建区域物流集群的评价指标体系，运用生态位适宜度评估模型测算27省市的生态势因子谱系和集群生态位综合适宜度。郭燕青等（2015）考虑创新生态系统所处空间（资源环境）和时间因素对其生长评价的影响，引入加权弱化缓冲算子弱化系统外部环境资源和时间因素对系统数据的干扰；引入生态位优先模型明确生态因子对系统内部环境资源的利用和占有，构建了创新生态系统生态位适宜度评价模型。黄西川等（2017）在区域产业集群及创新相关理论研究的基础上，提出了涵盖产、学、研合作、R&D投入、专利质量、知识溢出、军民融合产业效率、创新环境六个方面的军民融合高技术产业集群创新能力评价指标体系

续表

名称	相关描述
产业集群发展的评价方法	颜永才（2013）采用模糊层次综合评价法（FAHP）对产业集群创新生态系统健康进行综合评价。王道平等（2011）构建了可持续性综合生态位适宜度模型，提出了一套区域创新系统评价方法，对湖南区域创新系统可持续性进行了评价。孙丽文等（2017）构建了生态位适宜度评价模型，对京津冀区域的生态位适宜度及进化动量进行了评价，对比分析了北京、天津、河北等区域创新生态系统指出北京创新活动所需资源的满足程度较高，河北省创新活动提升的空间较大

从现有对产业集群发展的评价指标和评价方法等研究来看：从资源、市场、制度、技术等角度构建生态位适宜度模型，可以有效测度产业集群中各类因素的生态适宜度。

1.3.2 评述与展望

综上所述，通过系统分析现有产业集群、战略性新兴产业、产业集群协同发展、产业集群发展影响因素及研究方法、产业集群发展的评价指标与方法，以及与生态学融合发展的相关研究，不难发现，上述研究成果给出的相关经验启示，为进一步开展该类产业集群协同发展研究提供了一定的研究思路、支撑理论和研究方法，并为下一步的研究指明了方向，如表 1 -6 所示。

表 1 -6　　经验启示与下一步研究方向

名称	相关描述
经验启示	综上所述，从生态学理论的角度，将生态位理论嫁接、融合到产业集群中，全面探索战略性新兴产业集群协同发展的影响因素及其联系，重点考察技术、市场、知识、技术等关键要素的影响机理，剖析战略性新兴产业集群发展中的协同跃迁的作用机理（如“技术生态位—制度生态位”）等，开展实证研究，从生态位培育角度探索促进集群协同发展路径，由此提出相关的机制、政策，对于丰富和发展产业集群的传统理论，推进产业生态位理论研究，以及对于“培育战略性新兴产业集群”“落实我国建设创新型国家的重要决策”，培育并壮大战略性新兴产业集群，为推动我国战略性新兴产业提供理论、实证和经验支持等，进而推动我国战略性新兴产业跨越式发展具有十分重要意义

续表

名称	相关描述	
下一步研究方向	针对我国战略性新兴产业集群发展的研究还处于初步阶段，尚未建立完整的理论体系	我国提出发展战略性新兴产业的时间相对较短，虽然现有的产业集群、产业集群协同发展等理论为战略性新兴产业集群的构建及发展提供理论基础，而且从生态位视角研究战略性新兴产业集群的发展也得到了广泛关注与重视，但是现有产业发展和相关理论的融合研究还处于初步探索阶段，尚未系统结合战略性新兴产业呈现出的导向性与辐射性、知识与技术密集性、创新驱动性等新特征，全面、系统融合产业集群、生态学、产业经济学、协同学等理论，提出基于符合“中国情景”特点的战略性新兴产业集群协同发展的理论框架
	对战略性新兴产业集群发展的关键影响因素及其互动关系还缺乏相关研究	虽然有学者开始重视从生态学角度定性研究战略性新兴产业集群中的产业技术、市场培育等要素及其关系，逐渐重视战略新兴产业中的技术、知识、市场等关键要素及价值，但少见从生态位角度，利用定性与定量相结合，系统揭示影响战略性新兴产业集群发展中技术与制度协同发展的生态位因子及其关系，未能完全揭示技术生态位、制度生态位等协同演化机理，不能充分发挥技术创新、制度建设等联动效应。因此，在研究视角和方法方面，还有待于从生态学理论、演化经济学、运筹学等多学科中吸取营养、借鉴方法
	结合我国国情的新兴产业集群发展影响因素及评价方法还有待进一步深入	现有面向产业集群发展影响因素的分析与评价方法多单独采用博弈论、实证研究等方法，而作为“后发”国家，我国的战略性新兴产业集群发展还处于初级阶段，数据积累有限，上述方法不能充分揭示其机理，不能完全反映集群发展的内在动因。同时，尚未发现结合这些特征、趋势，综合数理建模、实证研究等方法，研究战略性新兴产业集群的发展机理，并对产业集群发展评价开展相关研究。基于此，综合数理建模、实证研究等方法对战略性新兴产业集群发展机理及评价开展研究，有利于拓展这方面的研究方法，为促进我国的战略性新兴产业集群发展提供决策依据

1.3.3 一般结论及启示

本节针对我国战略性新兴产业集群发展中面临的技术、市场等问题，从产业集群、战略性新兴产业集群、产业集群协同发展、产业集群发展影响因素及研究方法、产业集群发展的评价指标及方法等方面以及与生态学融合方面进行了综述，指出战略性新兴产业集群协同发展的相关理论基础、研究方法，明确了下一步研究方向。在国家的总体部署下，结合“中国情景”下战略性新兴产业集群的发展特点，将生态位理论嫁接、融合到产业集群理论中，重点分析知识、技术等对集群形成与演化的影响，剖析该类产业集群发展中的技术、市场、资源等生态位协同发展机理，开展相关评价，由此提出促进该类产业集群协同发展的机制、政策等。

1.4 研究内容、思路与方法

1.4.1 研究内容

本研究的主要研究内容包括：

第1章，绪论。结合全球战略性新兴产业集群发展的背景、价值，指出该类产业集群发展的概念、特征等，分析了我国战略性新兴产业集群发展概况及存在的主要问题，并阐明研究的理论价值和现实意义；通过综述国内外研究现状，指出战略性新兴产业集群发展未来研究的方向；在此基础上制定了本研究的研究内容、方法和思路。

第 2 章，战略性新兴产业集群协同发展的理论基础。战略性新兴产业集群中战略性新创企业、大学、科研院所、供应商等多种主体共同参与创新与创业活动，通过分析上述主体、行为交互等呈现的新特征，梳理出支撑该类产业集群发展理论脉络，即创新理论、产业集群理论、演化经济学理论与产业生态学、生态位理论、知识管理等，为下一步深入研究提供了理论研究基础。

第 3 章，战略性新兴产业集群的生态特征分析及协同发展模式设计。通过分析战略性新兴产业集群的主体、框架、阶段、演化过程等，剖析战略性新兴产业集群生态性、创新驱动性等特征，探讨集群不同发展阶段中技术、市场、制度等协同发展的内在逻辑，从生态位理论角度剖析集群发展的可能路径。

第 4 章，基于生态位关系调节的产业集群发展研究。根据战略性新兴产业集群的特点，重点探讨了集群发展过程中知识交互、组织种群交互及其演化过程，基于博弈论、种群动力学等理论，分别构建基于知识生态交互的产业技术创新协调模式、基于知识生态螺旋的产业技术双元创新协调模式、基于知识生态耦合的产业技术创新双调节模式。上述模式的构建与讨论能够普遍反映战略性新兴产业集群发展的新特征，能够揭示主体知识交互、组织种群交互的演化规律及稳定状态，对模式中各类演化过程及状态的定量分析将为优化战略性新兴产业技术创新提供决策依据。

第 5 章，基于生态位因素分析的产业集群发展机理研究。基于前面研究基础，设计战略性新兴产业集群协同发展生态位因素筛选原则，遴选出资源生态位、技术生态位、市场生态位、服务生态位、制度生态位等相关生态位因素，从市场、技术、资源等方面梳理集群协同发展的生态位因素（市场方面如技术收入、产品销售收入等；技术方面如科研活动经费支出、专利数等；资源方面如从业人员数、固定投资等），构建集群协同发展模式，基于熵权—灰色关联法等，开展实证研究，探讨影响集群发展的关键影响因素及作用路径，为制定促进集群发展对策指出方向。

第 6 章，基于生态位适宜度评价的产业集群发展研究。结合集群协同发展中的关键影响因素分析，从市场匹配、技术创新匹配、资源匹配等方面选择合适指标，构建集群发展的生态位适宜度评价模型，结合典型案例，评价战略性新兴产业集群发展环境，揭示优化条件，为集群生态位的优化提供理论参考依据。

第 7 章，基于生态位治理的产业集群协同发展机制研究。基于前面研究结论，以生态学中的生态链协同、共生、再生和共栖的角度出发，对战略性新兴产业集群发展的不同阶段、环节，提出生态治理机制，促进战略性新兴产业集群协同发展。

第 8 章，总结与展望。在前面各章研究基础上，总结了本研究得出的主要结论；并对对战略性新兴产业集群发展研究作出展望，明确了下一步深入研究的方向。

1.4.2 研究思路和方法

本研究以战略性新兴产业集群中的相关管理实践问题为导向，融合产业集群、知识管理、生态学、博弈论等理论对知识交互、组织种群交互等相关内容进行了研究，形成了战略性新兴产业集群发展的主要研究思路，如图 1－1 所示。

主要研究方法如下所示：

（1）规范研究与实证研究相结合。本研究融合产业集群、生态学、创新生态系统、技术经济范式等理论，探讨战略性新兴产业集群演化过程及特点；基于生态位理论、战略生态位管理理论等探讨产业集群发展中技术生态位、制度生态位等内涵及更迭的一般规律，梳理生态位因素，由此设计战略性新兴产业集群协同发展模式，结合北京中关村、武汉东湖高新区等典型园区数据，开展实证分析，探索关键影响因素及作用机理。

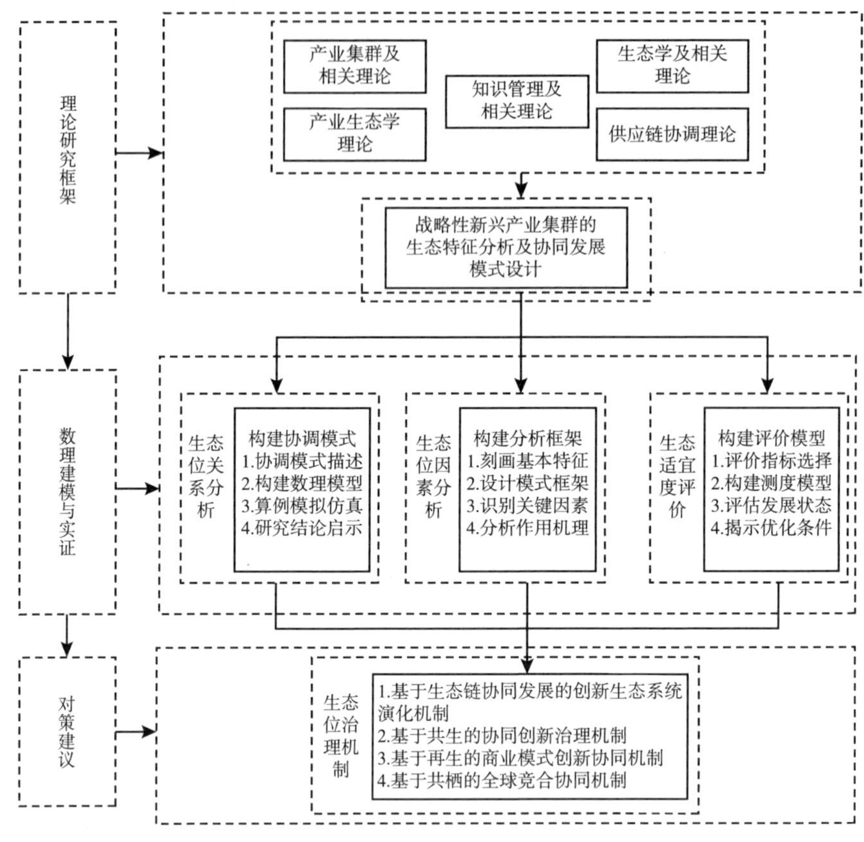

图1－1　主要研究思路

（2）小型座谈会、深度访谈、问卷调查等相结合。选取重庆、成都等新能源汽车、新材料等产业集群（如成都高新区、重庆高新区等），召集园区主管、行业协会、龙头企业等代表召开小型座谈会，针对园区主管开展深度访谈等，掌握战略性新兴产业集群生态性、创新驱动性等特征，梳理集群协同发展的生态位因素，辅助问卷调查等方法进行案例分析。

（3）定量分析与仿真模拟相结合。基于熵权—灰色关联方法、结构方程模型等，利用SPSS、AMOS等软件，选取北京中关村自主创新示范区等发展数据，分析集群发展的影响因素及作用机理；基于生态位适宜度评价模型评价战略性新兴产业集群生态位适宜度；基于修正的Lotka－Volterra模型，采用Matlab等软件研究不同知识交互、组织种群交互下的集群产业技术创新及其演化规律。

1.4.3 本书的技术路线

本书的研究技术路线见图1－2。

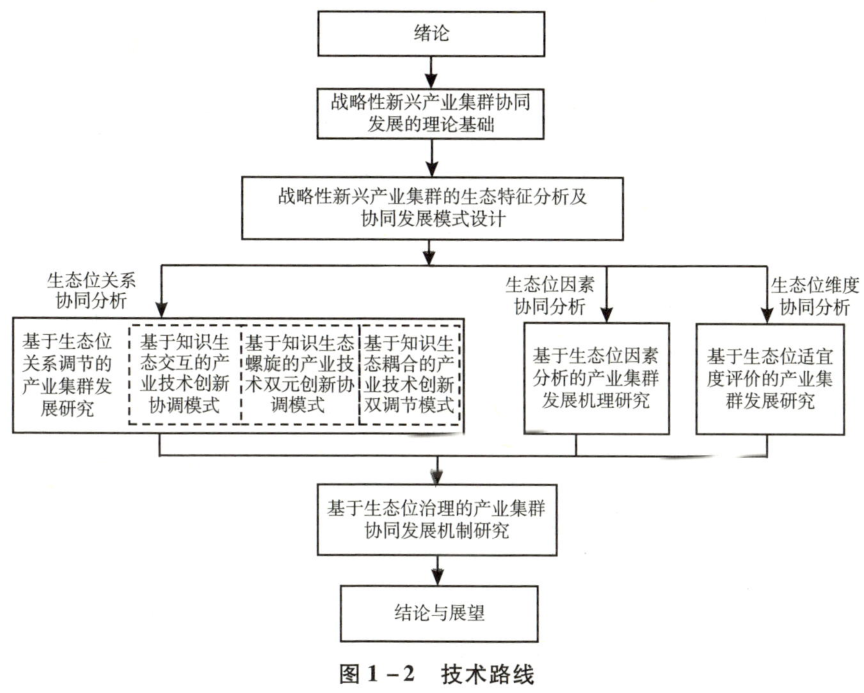

图1－2 技术路线

1.5 本书的创新之处

第一，构建战略性新兴产业集群协同发展模式，深化产业集群传统理论研究。本书通过深度剖析战略性新兴产业集群的结构、演化过程等，发现战略性新兴产业集群存在的生态特征。有别于传统研究仅从产业集群、产业技术创新等理论视角的探索，本研究从生态关系视角，融合产业集群、生态位等理论，从生态位关系协同、生态位因素协同等构建该类产业集群协同发展模式，拓展了产业集群、产业技术创新等传统研究的视域，使产业集群理论进入新的研究领域和更深的研究层次。

第二，开展数理建模及模拟分析，拓展了产业技术创新传统的建模与分析方法。本研究基于改进 Lotka – Volterra 模型研究知识交互关系及演化机理，融合效用模型、AJ 模型等研究创新投入与产出关系，以此揭示产业技术创新协调机理，拓展了产业技术创新传统的建模与分析方法。

第三，构建战略性新兴产业集群生态位因素指标体系，揭示了集群发展的新机理。通过设定生态位因素筛选原则，遴选生态位因素指标，分别以净利润、工业总产值、上缴税收总额等为指标，构建结构方程模型等，开展实证研究，探讨了集群发展的影响因素及作用路径，揭示了战略性新兴产业集群发展的新机理。

第四，从生态位治理角度提出协同发展机制，推动该类产业集群快速发展。基于生态位关系协调、生态位因素分析、生态位适宜度评价等研究结论，结合“后发”国家或地区战略性新兴产业集群发展特点及关键环节，从生态位治理角度，丰富和完善了 4 种该类产业集群协同机制，为深度推动该类产业集群的发展提供理论参考和实践指导。

1.6 本章小结

本章介绍了战略性新兴产业集群形成和培育的背景、价值，分析了我国该类产业集群发展的现状、特点以及需要解决的主要问题，综述了国内外相关的研究现状。在此基础上，指出本研究研究的意义，系统介绍了本研究的研究内容、研究方法、研究思路、技术路线和创新之处等。

第 2 章

战略性新兴产业集群协同发展的理论基础

针对上述研究背景、问题等，结合对战略性新兴产业集群概念、特征等分析，不难发现，推动战略性新兴产业集群发展的基础理论除了传统的产业集群理论以外，还涉及创新与创业、知识等多个交叉领域，与此相关的理论主要集中在产业集群理论、生态学及相关理论、创新理论、供应链协调理论、演化经济学理论、知识管理等，以下分别对上述理论展开分析。

2.1 产业集群及相关理论

经典的产业集群理论源于波特（Porter，1998）提出的“国家竞争优势”，在该理论中，他将产业集群形成的产业竞争优势上升到国家竞争优势，从而把产业集群发展与地区发展关联起来。从波特对产业集群的定义可以看出，经典的产业集群中涉及的主体包括相互关联的企业、服务供应商、专业化供应商、相关产业的厂商以及相关的机构。如果把产业集群比作一个系统，这些组织、要素之间的相互关系就形成了系统的结构，其结构特征将会影响到集群中企业的绩效、集群的发展及集群对地区发展的溢出效应（黄晓等，2013）。

在产业集群发展过程中，呈现出类似生物的生命周期特征，具体可以分为集群的形成期（或称为萌芽期）、成长期、成熟期与衰退期，每个阶段特征如表2－1所示。

表2－1　　　　产业集群生命周期各阶段的特征

演化阶段	集群内组织、交互、规模等特征
形成期	组织的种类、数量均较少，组织间交互不多，往往局限于水平或者垂直间的联系，与其他的一些专门化（或专业化）机构（如服务机构等）之间的联系尚未建立或完善，表现出“集而不群”
成长期	集群内逐渐形成（或涌入）大量企业，产业分工明确，形成（或者培育）一批专门化的服务机构（比如供信息流通的中介服务机构、科研机构、特定劳动力市场等）。集群规模迅速扩大，企业密度逐渐加大，集聚效应开始发挥作用，彼此之间的交流日益频繁，价值观互相影响，经验交流更为畅通，技术支持更为有力，集群创新氛围较好，产业集群的优势开始显现
成熟期	产业集群中的企业数量保持相对稳定，集群规模和企业空间密度都达到最大化，产品同质性增强
衰退期	当空间的过度集聚，导致办公场所、生产场地拥挤，交通堵塞，环境污染加剧，资源消耗殆尽，办公效率、经营效率明显降低，各企业之间可供相互学习的知识和技术急剧减少时，产业集群便会走向衰退期，这个时期最明显的特征是大多数的企业开始选择离开，而且速度越来越快，当企业数量低于产业集群所需最低数量时，产业集群便走向了灭亡

注：根据参考文献［89］及作者加工整理。

目前，对产业集群发展影响因素的研究主要以波特的钻石模型为基础，而且主要以定性研究为主（郭立伟，2014）。产业集群发展可归纳为内涵式发展和外延式发展两个阶段，前者注重集群资源整合、结构优化，主要是为适应内部的需求进行内涵提升（如在集群的萌芽期阶段，以内涵式发展为主）；后者注重集群产出数量、规模、空间等拓展，主要是为适应外部的需求进行外部扩张（如在集群发展的成长期、调整期等，以外延式发展为主）。由此可见，战略性新兴产业集群的发展既需要通过内涵式发展，实现产业集群的结构优化，提升产业集群创新创业能力和水平，也实施外延式发展，提高产品市场占有率，扩大市场规模（闫华飞，2015）。

2.2　生态学及相关理论

生态性是战略性新兴产业集群发展中呈现出的一个典型特征，相关理论涉及组织生态学、产业生态学等，以下分别对相关概念等进行介绍。

组织生态学是基于生态学理论与思想研究组织之间以及组织与其所处的外部环境，包括社会环境、经济环境、自然环境、文化环境等之间关系的学科，其研究对象与生态学中的研究对象具有相似性，具体包括：组织个体、组织种群（行业等）、组织群落（企业种群的聚集）和组织生态系统等多个研究层次（赵进，2011）。

产业生态学可以看作一门研究产业与产业以及产业与环境之相互作用关系的学科。强调从协调的视角分析产业系统与其周围环境的关系，提倡从产品全生命周期——原材料准备、产品加工、产品使用、废物管理——对流经社会经济系统的物质和能量加以优化利用（Graedel，2004）。类似的隐喻不仅发生在生态系统层面，而且发生在个体、种群、群落等各个层面，由此创造出产业共生、工业生态系统和生态工业园区等术语来表征工业生态化进程中所出现的新的事物和现象（石磊等，2016）。产业集群生态系统具有层次性与多样性、协同演化、复杂性、自组织等特征（赵进，2011）。

从组织生态学、产业生态学等概念及研究进程来看，生态系统及生态位理论是研究战略性新兴产业集群的生态发展重要的理论支撑基础，相关概念及特征见表2-2。

表2-2　　生态系统、生态位相关理论及特征

名称	相关描述
生态系统及生态位概念	生态系统是指在一定的时空范围内，由生物群落及其非生物环境组成，各组成部分之间存在着能量流动、信息传递、物质流动和价值流动，形成的一个相互制约、相互联系、具有自调节功能的复合体 在生态系统理论中，生态位是被引用次数最多的概念，美国生态学家格林内尔（Grinncll）最早给出生态位概念的定义，即生态位也称为空间生态位，是指恰好被一个亚种或一个种占据的最后分布单位。而生态位态势理论是生态学中的重要理论之一，该理论能够全面反映生态系统中种群与生态环境的相互作用关系，包括种群对环境和环境对种群相互影响等内容
相关特征	近年来，生态系统理论已经在生态学领域取得了大量的研究成果，目前正在与管理学、系统科学理论相结合而升华为一门方法论学科，并已经广泛渗透到企业管理、城市发展、知识管理等多个领域，用以解释特定系统内组成成分间相互影响的生态问题（林婷婷，2012）。如孙冰等（2013）指出生态位的引入拓宽了研究视野和研究路径，运用技术生态位研究技术范式的变迁，是技术创新及其演化研究的有力工具。孙晓华等（2014）指出技术生态位与市场生态位紧密的联系可以促进战略性新兴产业演化 生态位适宜度理论是众多生态学家（如我国学者李自珍等）基于生态位理论基础上，利用Hutchinson理论对生态位概念的数学抽象和适合性测定生态学边界的方法，建立起来的反映现实生态环境条件和最适生态环境条件贴近程度的数学计算方法。生物种的生态位适宜度是指一个种栖息地的现实生态环境条件与最适生态环境条件之间的贴近程度，它表示拥有一定资源谱系的生物种对其生态环境条件的适宜性，即生态环境资源条件对特定需求的满足程度。例如，基于这种思想，可以对作物生长所涉及的温度生态位、湿度生态位、营养生态位的一维、二维甚至多维超体积进行适当的综合量化比较，为作物栽培管理的优化、调控提供理论依据和量化工具（刘文光，2012；唐建荣，2015；姚远，2016）

鉴于生态系统及生态位理论在分析生物种群对环境的适宜性方面表现出明显的优势，该理论逐渐被用于技术创新、城市演化、产业集群等经济管理、社会发展等研究领域，并取得了显著成效。

2.3 创新理论

2.3.1 创新概念及范围

创新（innovation）曾被译为“更新、创造或改变”等意思，也曾被认为是“发明”的同义词。“创新”一词最早是由美籍奥地利经济学家约瑟夫·熊彼特（Joseph Alois Schumpeter）在《经济发展理论》中提出，他首次将“创新”这一概念引入经济学研究领域，并指出“企业创新是将一种前所未见的关于生产要素的‘新组合’导入生产体系的过程”，创新属于经济范畴而非技术范畴，其呈现的5种表现形式为：开发一种新的产品；采用一种新的生产方法；拓展一个新的市场；掠取或控制原材料或半制成品的一种新供应来源；构建一种的新组织（熊彼特，1990；洪银兴，2012）。总的来看，熊彼特对“创新”概念的界定非常宽泛：包括各种以实现资源的高效配置的新活动，也包括企业生产、技术、管理等一系列过程，比如在技术、产品、工艺、市场和组织制度上的创新等。

熊彼特提出的创新概念得到广泛认同，学者们以熊彼特的创新理论为基础在不同维度进行了深入拓展，将创新研究细分为技术创新、管理创新、制度创新、商业模式创新等多个领域以及多个领域之间的交叉，其中技术创新以产品工艺、市场等为创新对象，是创新研究的核心领域。顾新（2005）在总结前人研究基础上，指出创新具有以下特征：第一，创新活动具有复杂性。从创新目的来看，创新解决的问题存在多样性；从创新过程及其演化来看，在创新过程中，受各种不同的组织、内外环境等各类因素的影响与作用，其过程将形成多个相互联系的阶段。第二，创新过程是技术与经济的融合过程。创新环节涉及组织、研发、制造、商业等多个方面的复杂活动，这些活动表现出明显的多组织、多重循环、往复交叉等特点，技术与经济融合特征明显。第三，创新主体之间学习具有很强的交互性。创新是多种学习过程的结果，随着创新的推进，越来越多的创新主体参与到学习过程，组织拥有的知识边界变得模糊，在创新过程中，创新主体之间（如企业与科研机构之间、企业内部各部门之间、供应商与生产商之间等）通过相互作用交互影响，并形成制度性程序和社会惯例。

2.3.2 创新生态系统及创业生态系统

摩尔（Moore，2007）首先系统、全面地提出了企业生态系统的概念，指出该类系统是一种“基于组织互动的经济联合体创新生态系统”。也有学者将创新生态系统定义为：在一定时间和空间内以制造业企业为核心、由创新相关主体组成，以协同创新为目的，以合作共生为基础，通过创新物质、能量和信息流动的方式，实现创新资源共享、优势互补、风险共担的相互依赖、相互作用的动态平衡系统（陈劲等，2014；孙冰等，2016）。

“创新生态系统”概念的提出和深入研究体现了创新研究的一次范式转变，由关注系统内部要素的构成向关注要素之间、系统与外部环境间的动态过程转变。在知识经济和创新全球化趋势加剧的条件下，组织的创新目的与创新行为将受到外界环境的全面影响，将创新系统升级为创新生态系统，研究视角从关注系统内部的相互作用向关注系统要素之间，以及系统与外部环境之间的相互作用转变，已成为创新研究领域面临的重要理论问题和现实问题（曾国屏等，2016）。

与创新生态系统的定义类似，创业生态系统也是借助生态学理论对创业系统进行界定。施皮林（Spilling，1996）提出创业生态系统概念。沃格尔（Vogel，2013）指出创业生态系统由在一定区域内相互作用的创业群落构成，包含各种相互依赖的参与者（创业者、政府机构等）和影响因素（市场、基础设施、支撑环境和创业文化等）。项国鹏等（2016）通过对比国内外创业生态系统模型，考虑系统要素在不同阶段的协同作用，构建了创业生态系统的四层动态模型，包括创业种群、要素种群、创业网络，并给出了信息与能量交互、传递的路径。

2.4　供应链协调理论

战略性新兴产业集群中的多主体之间开展技术、知识等交互，形成一种供需关系（尤其强调在知识、技术等方面的供给与需求），这类供需关系与传统的实体供应链关系具有一定的相似性，可以用经典的供应链协调理论进行解释。传统的供应链协调是为提高供应链整体利润、改善供应链各方利益的根本手段（王先甲等，2017）。其管理的目的就是控制与协调链条中各成员间的信息、物流、资金等流动，达到提高利润、质量、服务，降低成本等效用，从而使整个供应链获得的利益大于各成员单独开展运营获得的利益之和（王胜兰，2010）。供应链中各成员的关系属于独立与合作并存的非完全利益关系，其协调是供应链稳定运行的基础，往往采用基于“竞争—合作—协调”的运行机制，其协调方向包括供应链水平协调、垂直协调、功能协调等，其关系、机制等方面的研究多采用运筹学、博弈论等开展（庄品，2005）。近年来，随着供应链协调研究的推进，演化博弈（Webull，1995）由于融合了生态学中的演化思想，突破了经典博弈假设的局限，逐渐被用于解决有限理性下的成员决策问题，正成为供应链协调中新的研究方向（陈志松，2017）。

2.5 演化经济学理论

战略性新兴产业集群中的各类主体之间的演化行为可以归结为一种经济演化行为，以下对演化经济学相关概念进行介绍。

研究表明，目前经济学正在从“均衡”范式走向“演化”范式，而演化范式在未来有望成为主流研究范式。演化经济学是现代西方经济学的一门新兴学科，其核心要旨主要是借鉴生物进化的思想以及自然科学的最新研究成果，以动态的、演化的视角，分析与揭示经济现象及规律（于斌斌，2013）。近年来，有学者提出的共同演化思想是演化经济学的重要进展之一，该思想主要指两个或两个以上涌现种群之间的相互适应和因果关系，即当且仅当种群之间持续存在因果关系影响时，才存在演化关系（Graedel，2004）。

2.6 知识管理相关理论

基于前面综述不难发现，有别于传统产业集群，高技术性与知识性并存是战略性新兴产业集群发展过程中呈现出的一个典型、鲜明特征，该类产业必须立足于自主创新和原始创新（其中颠覆式创新是重要的创新方式），并开展持续创新。因此，知识资源及其配置对于推动该类产业集群发展具有重要支撑作用，知识管理理论是集群发展的重要理论支撑。

以下分别对知识概念及特征进行综述，见表2-3。

表 2-3　知识的概念及特征

名称	相关描述
知识概念	知识是人类在改造世界的实践中所获得的认识与经验的总结，是通过学习或经验获得的事实、技能和理解
相关特征	学者们对知识的属性进行了持续探讨，包括可转移性、聚合能力、专属性、获取的专业性等（Grant，1996），可信赖性与可交流性等属性（Joshi et al.，2007）；隐性、困难程度和重要性（Jina et al.，2010）；语境依赖性、默示性、离散分布性、路径依赖性、收益递增性等特性（何自力等，2010）；知识还具有显性化程度、知识相关性以及集聚程度等特征（胡海青等，2011）。知识是一种重要的资源，通过知识投入，可以产生技术效应和规模效应（Guan et al.，2012），其中技术效应是指创新能力水平的提升，而规模效应是指通过成果转化而实现的经济效益（顾新等，2017）

通过分析知识概念、相关特征，不难发现，作为一种特殊的资源，知识本身具有的专属性、显性、隐性等显著特征对于技术创新具有重要价值。

以下分别对知识管理中的知识转移、知识溢出、知识生态等相关理论进行综述，探讨知识资源配置的普遍方式，见表 2-4。

表 2-4　知识管理的相关理论

名称	相关描述
知识转移研究	知识转移是知识传送者将知识源传递给知识接收者且被后者加以理解、消化、融合及应用的过程（Kang et al.，2013），也可以指一个实体的知识被其他实体获取的过程，这里的知识指能够被接收方解读或处理的信息（杨震宁等，2013），是知识在人或组织之间有意识地交流（Fallah et al.，2004），组织间高效地知识转移是企业开展技术研发、新产品研制、服务创新的前提（Cohen et al.，1990）。近年来，开放式创新逐渐成为创新行为的主流范式，国内外众多企业（如 IBM、苹果、百度、中国移动等）积极探索开放式创新模式，搭建应用创新工厂，实施开放式创新项目。如何在开放式创新下进行有效的知识转移已成为知识组织与管理研究领域中重要问题之一（王铮，2015）。国内外学者对知识转移、开放式创新等方面进行了持续研究。在知识转移方面，组织之间的知识存量在不同系统之间的分布是不均匀的（即存在着非均衡性）（Maura，2004）。势能的差距形成了知识转移的自然压力，使知识存量总是从高势能处向低势能处转移（Kogut，2002）。通过知识转移过程，组织可以获得以前该组织所不能获得的知识，增加组织的知识存量（Huber，1991）

续表

名称	相关描述
知识溢出研究	国内外学者对联盟中的知识溢出与知识转移、知识投入等相关内容进行了持续研究（顾新等，2017）。在知识转移与知识溢出方面：格里里奇（Griliches，1979）指出知识溢出产生的额外知识增量是协同倍增效应的具体表现。阿斯普勒蒙（Aspremont，1988）等构建双寡头博弈模型（即AJ模型），指出足够大的技术溢出率可以激励企业合作创新。古玛等（Kumar et al.，1998）指出合作知识创新容易产生不必要的知识转移和被内化。法拉赫等（Fallah et al.，2004）区分了知识溢出与知识创新的概念，指出知识溢出是知识无意识的传播，知识转移则是知识在人或组织之间有意识地交流，而知识转移过程往往伴随知识溢出
知识生态研究	随着研究的深入，学者对组织知识转移的研究视角逐渐向网络、生态等方面延伸，如网络邻近可以促使企业较方便地从其他联盟成员中获得新知识，促进知识转移绩效（赵炎等，2016）。陈等（Chen et al.，2010）提出知识生态是在以知识为创新源的知识节点之间进行知识转移、流动而形成，知识生态通过影响创新组织的创新绩效来影响到其创新行为。蒋天颖等（2012）构建了企业知识转移生态学模型，分析了知识个体、知识种群与知识群落间知识等不同制式转移的影响因素。赵琨（2008）指出伴随移动互联技术以及社交网络平台等新兴通信渠道的涌现，企业内部关系网络不断得到强化，知识环境、内容、载体及渠道逐渐融合为一个有机整体，并呈现出类生态学特征。贝磊（Bray，2008）将知识生态系统定义为一个动态的网络，它按照系统中人员的知识交互需求，在知识技术和知识转移的作用下，进行自上而下的知识交流，各成员最终在转移和结果间寻求合适的“位置”。知识生态系统存在着由不同层次（员工、团队、组织）与不同性质（技术、经验、流程）的知识群落，这与自然生态系统中的生物群落存在相似的地方。知识在这些知识群落中的转移流动与自然生态系统中的能量和物质转化也具有一定的相似性（Edward et al.，2008）。克罗格等（Krogh et al.，2014）指出知识生态系统由多层次“场”构成，“场”能跨越组织边界并持续演化

2.7 本章小结

国内外对于产业集群、生态学及相关理论、创新与创业管理、知识管理等理论研究表明：将人类及其组织、决策、形态等类比为物种在生态系统中所表现出的群落、行为（或活动）、结果等，基于生态系统理论，从生态系统中群落演变的视角分析社会问题（如产品在市场的演化、产业在区域的演化等）具有一定的先进性。其中，通过将生态系统理论与产业经济学相融合，国内外学者重新认识了产业在内外部环境影响下的萌芽、成长、成熟和衰落的过程。而将生态系统理论中的生态位、生态适宜度以及生态位宽度等理论与方法融合到产业发展的相关问题中进行研究，有望拓展现有产业经济学的研究视角和研究方法，进而拓展现有理论和方法研究深度。

上述理论中产业集群、生态位理论是本研究开展研究的核心支撑理论，创新理论、供应链协调理论、演化经济学理论、知识管理理论是关联理论，为研究的辅助支撑理论。

综上所述，本章通过梳理现有支撑理论与方法，为后续研究提供了理论与方法借鉴。

第3章

战略性新兴产业集群的生态特征分析及协同发展模式设计

3.1 战略性新兴产业集群框架、演化过程、发展阶段及其特征分析

3.1.1 战略性新兴产业集群框架及演化过程分析

基于前面分析，战略性新兴产业集群的内部融合了战略性新创企业、科研院所、高校、供应商、竞争方、需求方、互补企业等多个主体，通过搭建创新链、知识链、价值链和产业链进而构建产业生态系统（其中新创企业、政府、高校和科研院所分别在其中承担着不同的重要角色、发挥着不同的功能），各主体间通过聚合反应、共生共荣形成了具有自适应、复杂性的产业生态群落。

战略性新兴产业集群是创新生态系统和产业集群的有机融合体，本节基于某些学者研究基础，绘制战略性新兴产业集群发展的“多边形”

框架（见图3－1）。

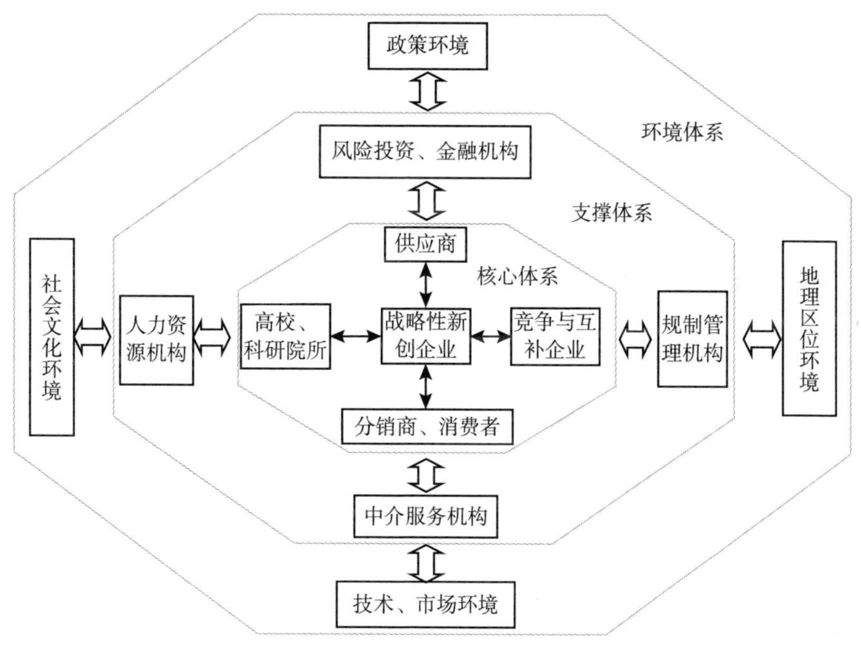

图3－1 战略性新兴产业集群框架

注：根据战略性新兴产业集群定义［8］和本书参考文献［145］以及作者加工整理。

战略性新兴产业主要受科技创新、资金供给、人才供给、市场环境、市场需求、政府政策等多种因素的影响。总的来看，该类产业集群框架包括核心体系、支撑体系和外环境体系三个层次：第一，核心体系与传统产业集群结构类似，该体系可以划分为横向结构与纵向结构，前者以战略性新创企业为核心，吸引科研院所、高校、互补与竞争企业等组成；后者以战略性新创企业为中心，吸引产业链上的供应商、分销商、消费者等组成，该部分为集群形成及演化提供核心动力。第二，支撑体系包含人力资源机构、金融机构、服务中介机构、风险投资机构等，该部分在人才、资金、服务等方面，为集群形成与演化提供支撑力。第三，外环境体系包括社会文化环境、政策环境、地理区位环境、技术与市场环境等，该部分为产业集群的形成和演化提供必要的承载力。

另外，作为一类特殊的集群，该类集群在形成及演化过程中，也将遵循产业集群的演化规律，进行分阶段演化（阮建青等，2014），如图3－2所示。

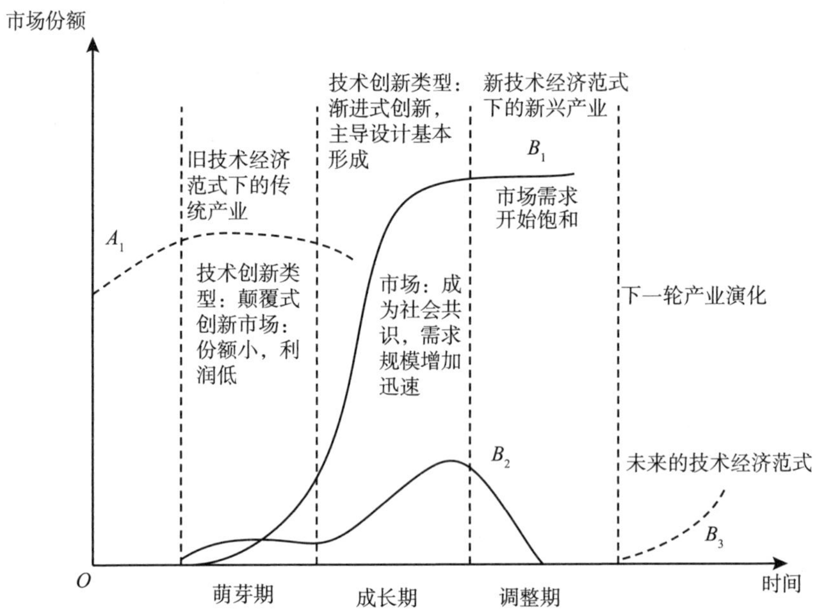

图3－2　技术经济范式转化下的战略性新兴产业集群演化过程

注：根据参考文献［10］及作者加工整理。

在图3－2中，横坐标代表时间，纵坐标代表产品市场份额。从技术经济演化的范式（孙晓华等，2014）来看，在集群发展的萌芽期，新兴技术、产品与传统技术、产品并存，后者仍然占据市场主导地位，但已无法适应技术、经济、社会等日益发展的需求（见图3－2中A_1曲线），其市场份额逐渐减少；在战略性新创企业（或政府）培育、引导下，各类创新主体开展大量颠覆式创新（或探索性创新），开发新技术、新产品，逐渐引入并形成新的技术经济范式（见图3－2中B_1、B_2等曲线），但受限于市场中消费者固有的消费认识、路径等，以及消费者本身在需求及行为的演化，新产品将局限于某个特定的市场空间，市场份额与利润有限，为谋求生存与快速发展，新兴企业将不断调整自身的技术、管理水平，设计、生产新产品。在集群发展的成长期，传统产品已经难于满足社会、经济、技术的增长需求，而新兴产业在关键技术、管理、商业模式等方面取得突破，面向市场的新产品技术、生产标准逐渐稳定，企业生产成本得到控制，消费者逐渐接受新产品价格、品牌等，新产品获得市场发展的“机遇窗口”，赢得较大的市场份额和利润，而不适于市场需求的旧技术与产品则被淘汰（见图3－2中B_2曲线）。在产业集群发展的调整期，新的技术经济范式被社会接受，市场份额及利润持续增加，市场空间趋于饱和，将传统产业挤出市场，但是随着技术、经济、社会等不断发展，现有新技术、新产品也存在缺陷，企业将持续改进相应的技术、产品、生产、销售等环节以适应需求，但同时诱发部分企业、科研院所、高校等探索新的技术范式，推动新一轮的技术、产品革新（见图3－2中B_3曲线）。

3.1.2 战略性新兴产业集群发展的主要阶段及其特征分析

（1）战略性新兴产业集群发展阶段。

通过分析战略性新兴产业集群的概念、框架及演化过程，不难发现，战略性新兴产业兼具创新生态系统和产业集群生态系统特征，生态系统特性明显，以下基于生态系统理论进一步分析其协同发展过程。作为企业生态系统概念的提出者，摩尔（Moore，2007）指出该类系统是一种“基于组织互动的经济联合体创新生态系统”，不断有学者细化创新生态系统的相关研究，强调创新生态系统形成和发展的多个要素，如在主体方面，包括核心主体（制造企业）和辅助主体（其他相关创新主体）；在关系构建方面，强调以合作共生为基础，以协同创新为目的；在机制设计方面，利用创新物质、能量和信息流动等方式，构建创新资源共享、优势互补、风险共担等机制；在系统演化方面，强调利用系统的相互依赖、相互作用，实现动态平衡（陈劲等，2014；孙冰等，2016）。

结合某些学者对产业集群协同演化的研究基础（陆小成等，2008；芦彩梅等，2009；阮建青等，2014），本书认为战略性新兴产业属于一类特殊的产业集群，其演化过程中具有战略性新兴产业、创新生态系统等发展一般规律，具体表现见图3－3。

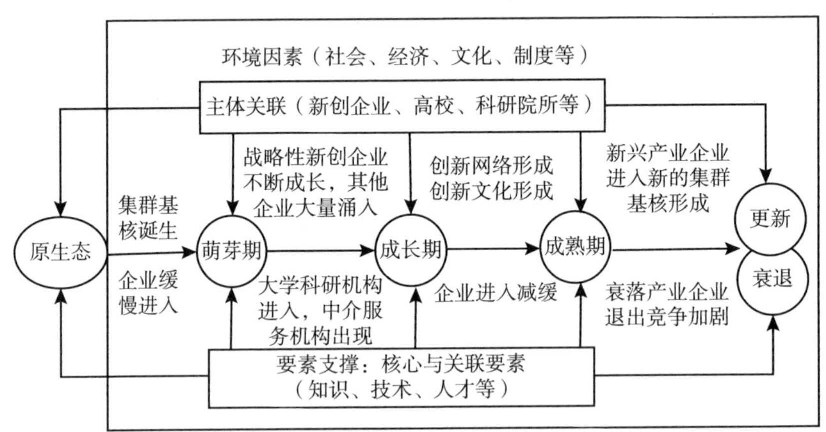

图3－3　战略性新兴产业集群演化各阶段

注：根据参考文献［14］［103］等及作者加工整理。

基于某些学者研究基础（宋歌，2013；阮建青等，2014）和战略性新兴产业集群发展的定义，按照产业集群发展的一般规律，战略性新兴产业集群发展也可以分为萌芽期（包括种子期）、成长期、成熟期以及更新（或衰退）期等阶段（见图3－3虚线框），这些变化可以描述为：在萌芽期内，产业集群规模较小，组织类别与数量均较小，网络结构单一，群内尚未形成有效的跨组织创新链、知识链；在成长期，产业集群内组织的种类与数量均得到增加，集群规模逐渐变大，构建了以企业、科研院所、高校、供应商等为主体的创新链、知识链、价值链和产业链，逐渐形成集群创新文化，信息、知识、能量、物质等在集群中得以有效流动；在成熟期，产业集群主体及结构趋于稳定（集群内组织种类与数量变化减弱，结构稳定）并实现了多元化，产业集群规模趋于饱和，企业成为市场资源配置的主体，产出一批新技术和新产品；在更新（或衰退）期，集群发展动力减小，竞争力减弱，逐渐走向衰退，即将被市场淘汰或者演化为新的集群。

（2）战略性新兴产业集群发展各个阶段的特征。

结合前面对战略性新兴产业集群各阶段及其演化过程的描述，为进一步揭示其各阶段呈现的特征，指出其不同阶段存在的差异，本书对其各个阶段特征进行梳理、总结，如表3－1所示。

表3－1　战略性新兴产业集群生命周期各阶段的特征

集群表征	生命周期各阶段			
	萌芽期	成长期	成熟期	更新期
集群体系结构	集群内部主体类型与数量少，社会化分工与协作程度低，产业体系不健全	集群内部主体类型和数量逐步增加，社会化分工与协作程度较高，产业体系逐渐健全	集群内部主体类型与数量趋于完善，社会化分工与协作程度很高，产业体系健全	集群内部主体间的关系处于动荡状态，产业体系亟待调整
创新要素集聚	创新要素集聚不明显，主要来自政府（或者少数企业）的主导	创新要素在政府（或龙头企业）的作用下逐渐集聚	创新要素自动并且积极集聚，为集群的发展做出贡献	创新要素不再积极集聚，需要企业主动寻求
集群创新文化	企业文化缓慢溢出，集群创新文化尚未形成	集群内各企业的创新文化逐渐融合，开始形成集群创新文化	形成相互信任、彼此合作、文化竞争的集群创新文化	集群创新知识逐渐不合时宜，需要变革和调整
知识流动（转移）及溢出	集群企业间知识传播较少，知识流动性较低，逐渐培育知识链	集群企业间知识流动性增加，企业间交流和沟通的次数逐渐增加	集群企业间知识溢出效果明显，企业间沟通频繁	集群企业间知识交流次数减少，缺乏必要的沟通

续表

集群表征	生命周期各阶段			
	萌芽期	成长期	成熟期	更新期
创新网络	逐渐培育创新链，尚未形成创新网络	创新网络初步形成，创新资源逐渐集聚	完善和提升创新网络，创新资源全面焦聚	创新网络亟待改革创新
创新模式	以模仿和跟随创新为主，自主创新出现	产学研合作创新为主，自主创新增多	自主创新为主，集群创新大量出现	综合性创新为主，自主创新减弱
创新特点	以转化现有技术成果为主	面向产业、区域需求等开展协同创新	协同创新、开放式创新等多种形态并存	创新活动相对稳定
创新能力	集群内部企业创新能力较弱，专利与新产品少	集群内部企业创新能力不断增强，专利与新产品数量增多	集群内部企业创新能力增强，提高集群整体创新实力，专利和新产品数量持续增多	集群整体创新能力暂时停滞，专利和新产品数量不变
集群网络发展	逐渐形成价值链、产业链，以经济利益吸引其他企业入群，经济网络逐渐形成	经济网络与本地融合形成社会网络	社会网络的基础上集群进行自主创新，形成创新网络	集群网络亟待调整与升级
集群规模	集群规模小	集群规模逐渐变大	集群规模饱和	集群规模稳定
集群发展绩效	产值较低，增加值较低，利润低	产值逐渐增加，增加值与利润逐渐增加	产值持续增加，增加值与利润持续增加	产值增速平稳，增加值与利润较少或不变

注：根据参考文献［14］［75］［146］［147］等及作者加工整理。

通过对比各阶段发展特点，不难发现：在该类产业集群发展的萌芽期，重点强调对集群内主体、组织关系、知识体系、创新文化等进行调整和部署，逐渐形成比较稳定的知识链、创新链；而在成长期，则强调对集群内各要素的调整（如资源、技术、市场等），以推动集群快速发展；在成熟期，则强调集群产生的经济与社会效益；在更新期，则强调对集群产业、结构等进行优化或者逐渐转型。这一启示为制定该类产业集群发展策略提供了一定的理论基础和调控方向。

根据前面对该类产业集群生命周期演化过程的分析，结合学者研究基础（闫华飞，2015），该类产业集群发展可归纳为内涵式发展和外延式发展两种方式，前者注重产业集群内各种资源整合、结构优化，主要是为适应内部交互需求而表现出的内涵提升，是集群集聚力的重要表现（如集群的萌芽期阶段）；后者则强调集群对外部的影响，表现出产业集群在产出规模、数量、空间等方面的拓展与扩张（如集群发展的成长期、成熟期等）。由此可见，该类产业集群在发展过程中既包括内涵式发展，实现产业集群的资源整合与结构优化，提升产业集群的整体创新水平，也包括外延式发展，提高产品市场占有率，扩大市场规模。因此，深入分析其发展特性，有望揭示其发展机理，找到推动发展的“着力点”。

3.2 基于生态系统理论的战略性新兴产业集群发展分析

3.2.1 战略性新兴产业集群协同发展的生态性分析

（1）要素构成方面的差异比较。

结合前面对战略性新兴产业集群框架、发展阶段及特征等分析，不难发现，该类产业集群生态演化特征明显，本节在某些学者研究基础上（刘志阳等，2010；赵进，2011；伍春来等，2013），对比分析战略性新兴产业集群与生态群落的差异，具体如表3－2所示。

表3－2　战略性新兴产业集群与生态群落的差异比较

相似性	生态群落	传统产业集群	战略性新兴产业集群
组成要素	以生物有机体为主体的生物环境和非生物环境，具有生命特征	以企业有机体为主体，具有生命特征	以技术创新为主体的企业构成内部环境和外部支撑环境，具有生命特征
整体性	各种生物相互影响，构成统一整体	各种相关企业相互影响，构成统一整体	企业、科研院所、高校等相互影响，构成统一整体
层次特征	群落、种群、生物个体	产业集群、产业、企业	产业集群、产业、企业；核心网络层、辅助网络层、群外网络层；企业创新系统、区域创新系统
空间特征	处于一定的地理范围	处于一定的地理范围	处于一定的地理范围
多样性	不同营养等级、不同类型的物种	各种类型的企业和产业	各种类型的企业和产业
生命周期	产生、发展、成熟，衰落或进化	产生、发展、成熟、衰落或进化	萌芽期、成长期、成熟期、调整期
调解和适应能力	具有一定自我增强和适应能力	具有一定自我增强和适应能力借助政府和中介机构的调节	具有一定自我增强和适应能力，借助政府和中介机构等外部力量进行调节
与环境关系	受环境影响，在很小的程度上影响环境	受环境影响，也一定程度上影响环境	受环境影响，也一定程度上影响环境
发展方式	自然选择、自适应、共同进化	优胜劣汰、自组织、他组织、共同进化	优胜劣汰、自组织、他组织、共同进化
营养结构开放的系统	营养关系输入、处理、输出	主要以物质等有形材料的输入、生产、产品输出为主	物质、知识、人才等的输入，生产，产品输出
功能	物种流动、物质循环、生物生产、资源分解	物质流动、价值流动、信息流动、生产活动	物质流动、创新扩散、价值流动、信息流动、生产活动

注：根据参考文献［8］［90］［148］整理。

（2）协同演化方面的相似性。

产业集群协同演化是指产业集群内各新创企业、高校、科研院所、供应商等组织间以互动为基础，实现总体力量大于各部分之和的一种行为方式（陆小成，2008）。本节基于某些学者研究基础对比分析生物群落、传统产业集群及战略性新兴产业集群演化过程，见表3－3。

表3－3　生物群落、传统产业集群及战略性新兴产业集群演化对比

类别	生物群落演化	传统产业集群演化	战略性新兴产业集群演化
信息传递	通过以核酸为基础的遗传系统	通过产业集群核心竞争来实现	通过新知识、新技术、新工艺、新产品等来实现
进化动因	自然选择，优胜劣汰	自然要素禀赋、市场趋利、知识流动、资源整合和核心竞争力创造	新知识转移与溢出，新技术、新工艺及新产品等创新驱动、资源整合和核心竞争力创造等
适应动力	改变自身的结构、机能和习性使被动适应生态环境变迁	主动适应与被动适应相结合，突出资源整合动力作用	主动适应与被动适应相结合，突出创新驱动发展
选择机制	物竞天择，适者生存	适应环境、改造环境、环境共生	适应环境、改造环境、环境共生
进化来源	以核酸为基础的遗传系统和生命体的自组织作用	知识积累、价值观念变化、制度变迁、资源协同整合	新知识、新技术、新工艺及新产品等积累，价值观念变化，制度变迁，资源协同整合

注：根据参考文献［8］［146］以及作者加工整理。

基于表3－2、表3－3的对比分析，结合战略性新兴产业集群存在的创新驱动发展性、知识溢出性、产业放大性等特征，不难发现：战略性新兴产业集群内各类组织并不是简单的物理“扎堆”，集群内各类组织在创新活动和产业化过程中，通过竞争、合作等策略，淘汰落后群体，以联盟、并购等交互行为，不断适应，调整集群内部的组织机构及其关系，调节创新行为，形成稳定的有机联系，并与外部环境一起共同形成创新生态系统，构建产业“生态群落”。因此，战略性新兴产业集群的协同演化表现为：集群内组织（如企业、科研院所、高校等）通过协调主体关系，聚集创新要素，形成稳定结构，并与外部环境进行生态交互，充分发挥协同效应并不断演化创新生态系统。

（3）超生态性。

基于表3－2、表3－3的对比分析以及前期研究基础（蒋天颖等，2012），不难发现，不同于传统产业集群，战略新兴产业中的知识对于集群发展价值更大，知识转移与溢出性以及知识转化作用更强。在集群形成和演化过程中，知识总量和质量将不断提升，体现出超生态性，具体表现为：第一，知识总量提升并实现动态协调。不同于自然生态系统中物质转移的能量守恒，该类产业集群中的知识转移能量不守恒，且逐渐变大，具体表现为：在战略性新兴产业集群中，通过各组织内部、组织间的深度交互，以及知识转移与溢出，实现知识螺旋，为新技术、新工艺、新制度、新商业模式等提供必要的理论支撑，不断拓展现有知识体系和构建新的知识体系，创造出大量新知识，增加知识总量。第二，知识质量提升并实现动态协调。与自然生态系统中的能量流动不同，战略性新兴产业集群中的知识流动具有明确的目的性，是对现有不同组织内外部的知识进行整理、分析、编码、集成乃至重构，也是创造新知识的过程，该类知识活动受集群内主体的主观因素影响较大，其目的是针对需求创造新知识并提高知识利用效率，这种流动不是简单外在体现，是知识质量不断提升和知识效益不断扩大的过程。增加后的知识“质”与“量”将以更大的附加值驱动技术、产品的价值增长，进而推动产业集群发展。

3.2.2 基于生态系统理论的战略性新兴产业集群发展分析

基于前面对战略性新兴产业集群框架、发展过程、演化阶段及特征等分析，从生态学的角度来看，可以将战略性新兴产业集群的发展过程归纳为：在产业集群内，通过战略性新创企业（或政府）的引领，不断培育并完善群落的种类（如研发种群、设计种群、生产种群、销售种群等），不断壮大各种群规模，通过个体及种群、环境之间的交互，实现知识的有效流动、转化及溢出，在政府和企业努力下聚集各种创新要素（如人才、知识、技术、设备、设施等），逐步形成集群创新文化，构建并完善创新网络，开展综合创新（包括模仿创新、自主创新等），产生一批具有自主知识产权的新技术、新工艺和新产品，形成创新驱动发展动力，逐渐形成完整的创新链、知识链、价值链和产业链，构建产业生态系统，推动产业集群从萌芽期向成长期、成熟期、更新期等阶段发展，促进产业集群的产值逐渐增加。

因此，战略性新兴产业集群发展过程具有生态系统演化的特点，具体表现如下。

（1）多样性与层次性。

战略性新兴产业集群内主体包括战略性新创企业、高校、科研院所等多个核心主体，以及孵化器、风险投资公司等支持主体，这些主体在功能和结构，以及各主体交互关系方面均存在差异，这些差异必然引起创新生态系统的多样性。另外，在战略性新兴产业集群发展过程中，为降低研发风险、降低成本、增加投入等，集群内的各种相同企业将构建竞争性联盟，如创新链上的各主体将可能建立研发合作联盟，上下游企业之间也可能构建产销联盟等。在此基础上，各种类型的联盟将与外部环境进行交互，共同形成针对企业、产业、区域的创新生态系统，由此形成了战略性新兴产业集群的多层次性。

（2）复杂性。

战略性新兴产业集群兼具传统产业集群和创新生态系统的特点，是一个典型的复杂系统，其复杂性主要表现在系统内部组织和外部环境两个方面：一方面，从产业集群内部来看，由新创企业、科研院所、高校、供应商等各类组织组成了开放性创新生态系统。在系统内，各成员间相互联系又相互制约，产生复杂的非线性作用。另外，系统内形成的知识链、创新链和价值链等，将构建多层次、多结构的复杂系统，存在大量随机、不确定性因素，不同主体、不同要素之间的相互作用将进一步加剧创新的不确定性。另一方面，从产业集群的外部环境来看，战略性新兴产业集群的发展将受到自然、经济和社会环境等影响。外部环境将与内部主体之间进行物质、能量、信息、知识等交换，集群对外部环境具有影响作用和主动改变能力，具有一定的动态性和不确定性。因此，在相互影响下，该类产业集群的内、外部环境变得复杂。

（3）自组织性。

从战略性新兴产业集群的概念、特点及发展阶段来看，该类产业集群的形成与发展是一个从无到有、从小到大、从弱到强的组织聚集过程。在发展过程中，产业集群内组织能够主动适应环境，并通过反馈信息来调控集群的组织结构与交互活动，从而保持集群的平衡、稳定，使得其与环境保持一致性。其中，在核心结构方面，随着产业集群内新创企业、科研院所、高校等互动需求与频率增加，上述组织间的关系变得紧密，通过强化分工与协作，各类组织的功能得到重新定位并臻于完善，系统稳定性得到进一步加强，这将吸引更多的投资机构、中介组织等支持机构进入产业集群内部，进一步强化组织间的交互、适应、分工与协作等，使得内部组织结构的层次逐渐明晰，集群规模逐渐变大。另外，随着该类产业集群核心业务聚集度的提高、附属业务竞争力的提升，产业集群内的各组织间逐渐建立竞争、合作等多层次的交互关系，促进战略性新兴产业集群由组织程度低向组织程度高、组织层次简单向复杂的演变，进而推动集群在空间、时间和功能等方面的演化。因此，集群内组织间的这类关系的建立、演化不是由外部环境强加的，而是自组织的。

（4）协同演化性。

集群的协同演化性是指产业集群内部的各类组织以相互作用、相互影响、相互合作为基础，实现总体业绩倍增，达到整体力量强于局部之和的经济现象（陆小成，2008）。战略性新兴产业集群内新创企业、科研院所、高校等各主体之间通过竞争、互补、协同等方式，构建知识链、创新链、价值链和产业链，各链条内部以及链条之间形成相互依赖和作用关系，并与外部环境互动、适应，由此构建“产业生态群落”，推动集群从小到大、从弱到强。另外，产业集群内的各主体在实现自身演化的同时，也通过与其他主体、环境的相互作用路径，影响其他主体及环境，并实现协同演化，产业集群中的每个主体都处于协同演化的群落之中，最终都要与整个产业集群共命运。因此，战略性新兴产业集群中的核心主体（如战略性新创企业、科研院所、高校等）要将自身发展战略与整个产业集群的协同演化相联系，确定自身在协同演化过程中的角色以及与其他主体之间的关系，以保持有利的外部环境。

综上所述，战略性新兴产业集群的发展与生态系统的演化具有相似性，运用生态系统理论对战略性新兴产业集群的协同发展开展研究，具有一定的适宜性。

3.3　战略性新兴产业集群协同发展的理论分析

基于前面对战略性新兴产业集群框架、演化过程以及发展阶段、生态特征等分析，不难发现，要推动战略性新兴产业集群协同发展，关键是要推动产业集群各类主体关系之间的协同、各要素之间的协同、集群主体与环境之间的协同、集群与政府之间的协同等。

以下结合传统产业集群、生态位、创新生态系统等理论，从产业集群主体关联、要素支撑、环境支持、“两手”关系等方面对战略性新兴产业集群与传统产业集群发展差异进行对比分析，总结两类产业集群结构的总体协同差异，系统剖析该类产业集群协同发展结构，从多个方面提出战略性新兴产业集群协同发展具体指向，为进一步找准战略性新兴产业集群协同发展“着力点”提供研究基础和进一步深入研究的切入点，见表3－4。

表 3-4　　战略性新兴产业集群协同发展的结构重塑

对比种类	传统产业集群	战略性新兴产业集群
主体关联	企业、科研院所、高校等主体存在外部关联	新创企业、科研院所、高校等主体存在内在关联，具有生态共生性（核心主体、相关主体之间存在协同共生关系）
要素支撑	技术、知识、资金、人才等要素之间实现机械搭配	要素结构的量与质的动态协调，具有协同递进关系（核心要素与关联要素动态协同）
环境支持	自然、经济、社会、文化等总体配套	环境处于动态进化过程中，具有协同演化性（形成有利于集群发展的生态环境）
“两手”关系	政府、市场之间“两手”机械配合	政府、市场之间“两手”动态和谐，具有协同包容性（政府与市场调控协同包容）
集群总体协同	产业集群相对固化及变化迟滞	产业集群动态优化，具有根植适宜性（主体、要素、环境、“两手”）彼此支撑并动态优化

3.4　战略性新兴产业集群协同发展模式设计

在生态系统理论中，生态位是被引用次数最多的概念，而生态位态势理论是生态学中的重要理论之一，该理论能够全面反映生态系统中种群与生态环境的相互作用关系，这类关系包括种群对环境和环境对种群相互影响等内容。

结合前面研究基础（尤建新等，2015），战略性新兴产业集群中的各组织的生态位可借鉴企业生态位态势理论开展相关研究，如企业生态位属性具体可以分解为“态”与“势”：其中“态”表示组织的发展状态，是组织自身能力与水平的外在体现，是组织与环境交互的综合状态（如企业的新产品销售收入、销售总额、利润总额等）；“势”表示企业对产业生态系统环境的现实影响力与支配力（如新产品销售收入与销售收入总额占比等）。除此之外，还可以借助“生态位宽度”和“生态位重叠度”等概念定量评价集群中的组织生态位，如利用产业技术生态位宽度表示为产业占据（或拥有）技术资源的种类和数量，如果创新主体对技术资源谱的占据（或拥有）的比例越大，则表示其技术生态位越宽；利用生态位重叠表示不同产业对技术资源种类（或者数量）掌控相似度（曾德明等，2015）。

基于生态位理论、战略生态位管理理论（SNM）等理论分析，不难发现，在产业集群中各组织、群体与生态系统中的个体、种群之间具有类似关系，这些主体将表现出不同的行为特征（见表3－5），其生态位“态”与“势”也存在差异，通过对生态位宽度及生态位重叠度进行调节（见图3－4），可以构建不同的种群关系，形成不同的生态位“态”和“势”。

表3－5　　种群之间存在的各种相互关系

生物系统中种群关系类型名称	产业集群内的不同种群		交互行为特征描述
	甲	乙	
竞争关系	－	－	生态位重叠，彼此互相抑制
捕食关系	+	－	种群A兼并种群B中的一些个体或者全部
寄生关系	+	－	种群A寄生于种群B并有害于后者
中性关系	△	△	生态位无重叠，彼此互不影响
共生关系	+	+	种群间互相有利，分开后不能生存
共栖关系（或互惠关系）	+	+	种群间互相有利，分开后也能生存
偏利关系	+	△	对种群A有利，对种群B无影响
偏害关系	－	△	对种群A有害，对种群B无影响

注：根据参考文献［90］及作者加工整理，“+”代表正影响，“－”代表负影响，“△”代表不影响。

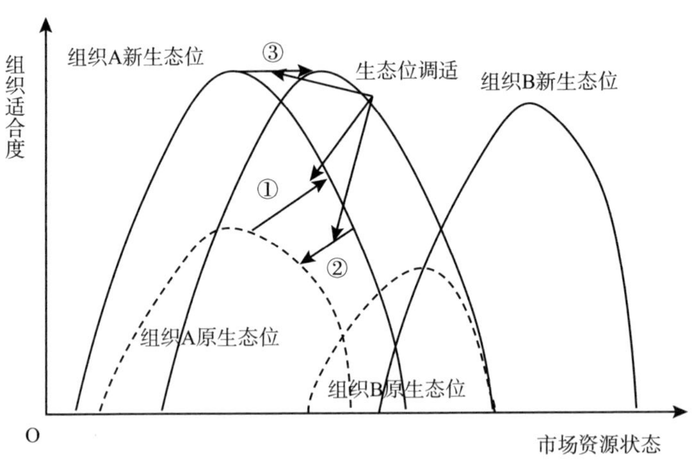

图3－4　战略性新兴产业集群内组织生态位调节示意

注：根据参考文献［146］及作者加工整理。

具体来讲，对产业集群中的各类主体、种群等生态位的调适，可以分为扩展、压缩、移动等方式。其中，生态位扩展（见图3－4中①）表示通过组织间兼并、改革、投入等行为对战略性新兴产业集群中原组织生态位（虚线）进行扩展，形成新的生态位（实线）；生态位压缩（见图3－4中②）表示通过重组、剥离、外包等组织行为对战略性新兴产业集群内的原组织生态位（实线）进行压缩，形成新的状态（虚线）；生态位移动（见图3－4中③）表示通过对竞争时间、地点等调整，改变组织间的竞争态势。

基于上述分析，从集群的整个演化过程来看，战略性新兴产业集群的发展过程是集群要素聚集、匹配、协调的过程。基于此，本节对战略性新兴产业集群中主体、要素生态位及其交互关系开展分析、调试，设计战略性新兴产业集群协同发展模式（如表3－6），将为集群实施内涵式发展与外延式发展提供理论借鉴，并为制定产业集群协同发展机制提供理论指导方向。

表3－6　　战略性新兴产业集群协同发展模式

协同方面	具体实现过程和目标
生态位关系协同	分析产业集群中各主体间关系，揭示产业技术创新协调发展机理，通过扩展、压缩、移动等方式，调节生态位关系，推动战略性新兴产业集群中产业技术创新协调发展
生态位因素协同	剖析产业集群的生态位因素，揭示战略性新兴产业集群协同发展机理，优化集群要素协同发展
生态位维度协同	开展战略性新兴产业集群的生态适宜度评价（如资源生态位、技术生态位、市场生态位、服务生态位、制度生态位等），通过调整生态位“态”与“势”，推动集群与环境之间协同发展
生态位治理协同	在生态位关系协同、生态位因素协同、生态位维度协同的研究基础上，形成系统的战略性新兴产业集群协同发展机制

以下对生态位关系协同等开展分析，探讨不同的产业技术创新协同模式（具体见3.4.1描述）；对生态位因素协同等开展探讨，探讨产业集群协同发展机理（具体见3.4.2描述）；对生态适宜度开展评价，剖析产业集群主体与环境的协同发展关系（具体见3.4.3描述）；在此基础上，提出生态位治理机制，推动产业集群协同发展（具体见3.4.4描述）。

3.4.1　基于生态位关系调节的产业集群发展研究

（1）基于知识生态交互的产业技术创新协调模式研究。

知识交互是产业集群发展过程中重要的基础活动，考虑到战略性新兴产业集群发展中各主体（如政府、企业、科研院所等）知识交互的核心作用，基于知识链、知识位势等理论构建基于知识生态交互的产业技术创新协调新模式，该模式具体表现为：在产业技术创新中，政府引导与市场主导的“双轮驱动”是技术创新链构建与发展的动力，考虑到该模式中主体包括新创企业、科研院所、高校以及政府，各主体通过构建知识链进行知识交互，链条中各主体处于不同知识位势，知识将从位势高的主体流向位势低的主体，即在不同交互策略下知识转移将形成不同的演化均衡结果，进而影响产业技术创新中的知识资源配置。

（2）基于知识生态螺旋的产业技术双元创新协调模式研究。

知识螺旋上升是知识交互活动的延伸，通过知识螺旋实现知识的储备与更新是战略性新兴产业集群发展过程中关键活动之一。为充分发挥核心组织在产业技术创新中的核心调节作用，考虑到战略性新兴产业集群发展中的各主体的知识螺旋以及双元创新效应，基于知识链、知识螺旋等理论构建基于知识生态螺旋的产业技术双元创新协调模式。该模式具体表现为：在产业技术创新中，涵盖的主体包括核心组织和节点组织，考虑到产业技术创新活动具有一定的准公共性以及节点组织存在知识投入不足等问题，核心组织向节点组织投入部分知识（如利用性创新）以降低节点组织研发成本；产业技术创新中的核心组织和节点组织投入知识可以进行共享、交流、转化等，发挥知识螺旋效应，推动价值增加，集群通过知识投入均衡和知识生态螺旋均衡的共同作用发展；核心组织起着“杠杆”角色，通过调节知识投入和知识螺旋，推动产业技术创新中的知识生态链和技术创新链协调发展。

（3）基于知识生态耦合的产业技术创新双调节模式研究。

知识模块化和耦合化是产业技术创新呈现的新特征。为充分发挥节点组织（如高校、科研院所等）在该类产业集群技术创新中的源头作用，提升产业技术创新的活力和动力，加速创新驱动发展，通过构建基于知识生态耦合的产业技术创新双调节模式。该模式描述为：节点组织投入面向产业技术创新的知识（属于显性知识），具有一定的准公共性，通过交互，进行知识耦合；在知识投入和流动过程中，节点组织起着双重调节角色，通过双重调节（即产业技术创新过程中的知识资源配置由双重调节构成——知识投入均衡与知识生态耦合的共同作用），协调知识投入决策和知识耦合关系，推动知识生态链与技术创新的协调发展。

3.4.2 基于生态位因素分析的产业集群发展机理研究

基于前面对该类产业集群演化阶段的分析，不难发现：在萌芽期内，通过对产业集群内主体、知识等演化和合理调控，构建创新链和知识链，战略性新兴产业集群将形成稳定的主体及结构，为进一步向成长期等演化奠定基础。在此基础上，将产业集群的协同发展问题映射为技术生态位、市场生态位等协同演化问题，构建集群协同发展模式（包括技术创新—市场培育的协同、制度—技术创新的协同等）。通过研究其关键影响因素及作用机理，将为优化产业集群发展指明方向。

（1）战略性新兴产业集群发展的生态位因素分析。

作为生态学中的重要理论，生态位（niches）被引入创新领域，最初概念指由小规模创新网络构成的对新技术的保护空间，包括技术生态位、市场生态位等（孙冰等，2016），随着研究的深入，该概念得到不断拓展，本研究所指生态位调节是指通过对集群发展的关键因素，如技术、资源、市场、服务、制度等，对其生态位因素进行调适，拓宽生态位"态"与"势"（前者是对过去的累积形成的状态，后者是对环境的支配力和影响力），构建集群内组织间的新关系，提高集群内组织间生态位适宜度，促进产业集群协同发展。

基于某些学者的研究基础和战略性新兴产业概念等研究，本节将对产业集群中常见的场地、设施、设备、资本、管理、人力资源、财务、文化、组织结构等影响因素（常见的统计指标），通过分类整合到集群中的技术、资源、市场、服务、制度等生态位因素进行研究，通过扩展、压缩、移动等多种形式调节，促进产业集群技术、资源、市场、服务、制度等协同配置，促进集群发展。以下分别对各类生态位因素进行说明：

①资源生态位指产业集群发展过程中创新创业的载体，以及所需资源要素（如人、财、物等）、关系、结构等，是产业集群发展所需各种

资源的空间定位及其功能关系的整合。这类指标既包括宏观的统计指标，如已建成城镇建设用地、从业人员、企业总数、固定资产投资、资产总计等（除去技术和制度）等，也包括微观的统计指标，如集群企业的资本结构、成长能力、偿债能力、企业规模等子指标。

②技术生态位是指集群在一定的时间、空间范围内，某个区域能够提供的各种技术资源的集合（状态）以及创造市场新需求的能力（曾德明等，2015），是技术供给能力的综合表现，包括技术水平、技术环境容量以及其他与技术相关的生态关系。这类指标既包括宏观的统计指标，如科技活动经费支出总额、科技活动经费支出总额占主营业务收入占比、专利数（申请数、授权数等）、科研人员比例、获奖成果数、技术改造与技术获取等，也包括微观的统计指标，如新产品产出率、技术创新能力、企业管理水平、运营能力等指标。

③制度生态位是指产业集群赖以生存和发展的制度要素（包括企业内部与外部制度）组合的生态位空间，是产业集群内组织制度体系与行政制度的总和，其目的是营造良好的集群发展环境，是创新与创业环境建设的重要内容，这类指标既包括宏观的统计指标，如财政投入、外商投资、进出口总额（具体可以分解为进口总额和出口总额），也包括微观的统计指标，如企业社会支持度、社会美誉度和社会地位等。

④服务生态位指产业集群内服务组织（如培训机构、孵化器、加速器、投融资机构等）在特定阶段、特定领域、特定资源环境中所表现出的作用空间及功能关系，是创新与创业环境建设的重要内容，是由服务组织与内外环境互动匹配后所展现出的共存状态，既包括面向创新过程的中介服务，也包括面向创业过程的中介服务。这类指标既包括宏观的统计指标，社会资本、孵化器数（包括加速器数等）、企业入孵化器数占企业总数比例等，也包括微观的统计指标，如通用设备、外围技术、办公用地等普通资源以及专业服务人才、研发资金、创业导师、社会资本网络等专用资源（潘冬等，2014）。

⑤市场生态位直接反映出产业集群向市场提供产品的程度。这类指标

既包括宏观的统计指标，如技术收入、新产品销售收入、产品销售收入（还可以表示为扣除新产品销售收入）、商品销售收入、其他收入等，也包括微观的统计指标，如产品市场占有率、市场接受程度、保护撤销度等。

⑥集群发展是集群经济发展和社会发展的综合体现，包括工业总产值、工业增加值、实际上缴税费总额、利润总额、净利润、主营业务收入、主营业务成本等系列指标。

（2）战略性新兴产业集群协同发展机理分析。

目前，作为“后发”国家，我国的战略性新兴产业集群中的技术、市场、制度等还存在诸多问题，尤其是产业技术储备不足与市场培育相对滞后并存的问题，影响了产业集群的快速发展。因此，在产业集群发展过程中，技术生态位与市场生态位是集群发展的关键环节，本节主要围绕这两类生态位开展分析。

前面分析表明，战略性新兴产业集群内不同生态位因素对该类产业集群发展的影响作用存在较大差异，具有明显的边界。但是，各生态位因素间也可以通过相互协同，即适度调整（如扩展、压缩、平移等）各类因素及其关系，实现功能放大（或叠加），促进生态位“态”与“势”的变化，推动集群发展。因此，结合前面分析，根据各生态位因素定义、功能以及相互存在的临近性，本节绘制出战略性新兴产业集群协同发展结构，为后面假设提出依据，如图3－5所示。

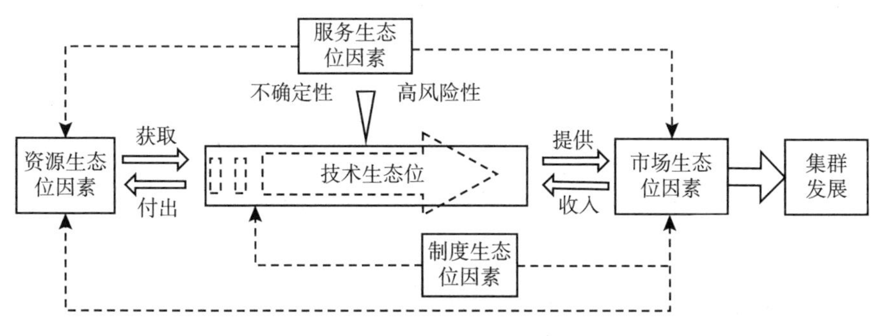

图3－5 产业集群协同发展结构

注：根据参考文献［146］及作者加工整理。

图3-5中“资源—技术—市场”形成了支撑战略性新兴产业集群发展的核心主线，其中技术生态位通过整合、加工等获取资源，进行理论、方法、技术、工艺等创新，扩大生态位，并利用开发新生产品，培育并扩大市场生态位；服务生态位、制度生态位起着调节作用，以下分别对图3-5中几类生态位因素之间的协同进行分析：

①技术生态位因素与市场生态位因素的协同分析。战略性新兴产业集群的发展必须紧紧抓住科技创新与市场扩散，一方面，要形成该类产业集群的核心竞争力，必须牢牢依靠科技创新，培育壮大技术生态位，提高竞争力，产出大量新产品；另一方面，还需要引导、培育市场生态位，改变消费者习惯和被传统产品锁定的路径，将潜在的隐性需求转化为显性需求，增大现有需求的容量，增加新产品市场份额。从战略性新兴产业发展的阶段来看，市场的不确定性与技术的复杂性并存的态势使得集群内各组织有意识或无意识、主动或被动地加强各种交互活动，其中的企业技术定位就是基于产品的目标市场及其需求特征对资源进行加工、组合等。由此可见，在战略性新兴产业集群发展过程中，市场生态位与技术生态位之间关系密切，前者是目标，后者则是原动力。因此，两者在生态位因素配置方面形成必然的协同关系，通过构建技术—市场协同机制，有望实现生态位共生扩展。

②制度生态位与技术生态位的协同分析。战略性新兴产业集群内技术生态位变化与制度是密切关联的：一方面，新兴技术的产生、发展、扩散等需要来自组织内部制度以及外部制度的有效保障，形成“生存空间”，以免受传统技术、产品等挤压。适宜的制度安排将提高组织的技术创新能力以及使用范围，影响集群内组织合作创新活动及绩效，为技术创新提供“机会窗口”，拓展技术生态位宽度；而不适宜的制度设计则会限制技术创新的内容以及范围，压缩组织的技术生态位，进而影响技术生态位的“态”与“势”。因此，在战略性新兴产业集群发展过程中，制度生态位是技术生态位扩展的根本保障，而技术生态位的调整、扩展也将影响制度生态位的调节，是制度生态位扩展的重要原因和力量。

③制度生态位与市场生态位的协同分析。来自组织内部和外部的制度生态位决定了组织的生产方式和生产能力，是将资源和技术转化为市场供给量的重要因素。因此，高效、合理的制度安排有利于对接市场需求，拓展资源、技术的生态位空间，进而影响集群满足市场需求的程度。我国作为“后发”战略性新兴产业国家，通过适度的制度安排（如国家体制机制改革、企业制度优化等），有望扩大战略性新兴产业集群的市场生态位，构建“制度型市场”，为新技术、新产品发展提供空间，有利于推动科技创新和技术转化，进而促进产业集群发展。

④服务生态位与技术生态位、市场生态位的协同分析。服务生态位是实现社会化分工与协作，提高资源利用率的重要环节。其内容包括一般服务（如研发场地、研发设备、外围技术等）和专有服务（如专业研发人才、研发资金、社会资本等），前者是对技术生态所缺资源的有益补充，是对“量”的扩展，具有可替代性；后者通过稀缺资源，提供专有服务，具有较强竞争性和流动性，是对技术生态位在“质”的扩展，是自身核心价值的体现。通过提供不同层次、不同数量的一般服务和专有服务，形成不同的服务生态位，为技术生态位的调整提供中介服务，有利于削弱新兴产业技术创新与扩散中存在的不确定性和复杂性，进而推动技术生态位、市场生态位的协调与跨越式发展。

⑤资源生态位与市场生态位的协同分析。资源和市场的容量决定了产业集群内各组织的生态位容量，对资源和市场的可获取程度决定了产业集群发展绩效以及集群内各组织选择和积累资源、搜寻和确定需求的行为。作为后发国家，一方面，我国的传统产业升级与战略性新兴产业发展并存，传统产业不但尚未形成对新兴产业的有效（如技术、知识等）支持，而且其自身的转型与升级还需要从外界获取资源。而且，由于该类集群存在高投入、创新驱动发展等特性以及对创新资源的巨大需求，导致战略性新兴产业集群中资源的组织者和使用者必须在更大范围内配置资源，以满足战略性新兴产业集群的快速、高效演化，甚至从市场生态位中得到“反哺”。因此，在战略性新兴产业集群发展过程中，

资源生态位与市场生态位相辅相成，通过构建资源—市场协同机制，有望实现各生态位的共生扩展。

除此之外，在战略性新兴产业集群中，技术生态位与资源生态位、服务生态位与资源生态位等关系也可以进行协同，以此调整各生态位关系，推动战略性新兴产业集群发展。

3.4.3 基于生态位适宜度评价的产业集群发展研究

结合前面对产业集群中生态位因素及其关系的定性分析，为进一步探究产业集群主体与发展环境之间的机理，把握好集群与环境之间的协同发展关系，拟从资源生态位、技术生态位、市场生态位、服务生态位、制度生态位等方面选择合适指标，设定评价权重，构建面向产业集群发展的生态位适宜度评价模型，采集典型案例（如北京中关村、武汉东湖等）及其数据，评价产业集群发展的生态适宜度，揭示产业集群各个资源维度配置的最优化状态，为产业集群生态位的培育以及集群发展环境的优化提供理论参考。

3.4.4 基于生态位治理的产业集群协同发展机制研究

基于前面对生态位关系、生态位因素、生态位适宜度等分析与评价，结合生态链、共生、再生、共栖等相关理论，分别对产业集群的创新生态系统演化机制、产业集群的协同创新治理机制、产业集群商业模式创新协同机制、产业集群的全球竞争合作协同机制等开展系统、全面的探讨，进而为战略性新兴产业集群协同发展提供可操作、具体化的治理机制。

3.5　本章小结

本章融合产业集群、生态学、技术经济范式、创新生态系统等理论对战略性新兴产业集群框架、演化过程及特点等进行了详细分析，指出战略性新兴产业集群发展具有生态特性，并对其进行了深入描述。在此基础上，基于生态学中的生态位等理论，构建了战略性新兴产业集群协同发展模式，并对其中的生态位关系协同、生态位因素分析、生态位适宜度评价、生态位治理等方面研究提出了初步设想。

下一步，如何通过定性与定量研究相结合，深入分析和推动战略性新兴产业集群各主体的协同关系推动产业技术创新（第 4 章），揭示集群发展的关键影响因素及作用路径（第 5 章），剖析生态位维度（第 6 章），提出生态位治理机制（第 7 章）等将是深入研究的方向。

第 4 章

基于生态位关系调节的产业集群发展研究

基于前面对战略性新兴产业集群发展的生态特征及模式分析，考虑到知识、技术等核心要素对于战略性新兴产业集群发展的基础支撑作用，本章将对战略性新兴产业集群中各类主体知识交互行为以及组织种群交互等新特征及影响机理进行深度分析，以此剖析集群中各组织生态位关系及演化规律。其中，分别以政府、核心组织（如新创企业等）、节点组织（如科研院所、高校等）为切入点，揭示该类产业集群中知识链、创新链和价值链的融合协调机理：从知识交互的视角，基于博弈论、种群动力学、知识管理理论等理论，分别构建了基于知识生态交互的产业技术创新协调模式、基于知识生态螺旋的产业技术双元创新协调模式和基于知识生态耦合的产业技术创新双调节模式。

上述模式的构建与讨论能够普遍反映战略性新兴产业集群主体知识交互、种群交互的演化规律及稳定状态，反映出战略性新兴产业集群知识交互、创新链形成的研究方向，对模式中演化过程及状态的定量分析将为优化战略性新兴产业技术创新提供理论参考。

4.1　基于知识生态交互的产业技术创新协调研究

4.1.1　模式的提出

产业技术创新是战略性新兴产业集群的基本活动，该类创新的开展有助于整合产业技术创新资源，引导创新要素向企业集聚，形成完整的技术创新链，提高产业技术创新能力，是提升产业核心竞争力的有效途径（伍春来等，2013；吕薇，2013）。由此可见，产业技术创新具有一定的准公共性，政府调控对其发展具有重要影响，而补贴政策（如财政直接拨款、税收优惠、政府采购等）作为调控“市场失灵”的重要举措，已成为引导产业技术创新的必要手段和重要动力（吕晓军，2016）。

随着知识经济的到来，知识对于产业技术创新发展起着基础作用，已成为产业技术创新最重要的要素之一。在产业技术创新过程中，知识交互是组织间合作创新的核心属性与主体活动，也是各组织取得竞争优势的关键环节（Faems et al.，2012），主要指知识拥有者（如知识个体、团队、组织等）之间信息与知识传递、交换、共享、创新的过程，包括知识存储（认知）和交互过程（行为），现有研究主要集中于后者（Wegner，1995；顾新等，2016；顾新等，2017）。从知识管理的视角来看，政府补贴下的跨组织知识资源配置呈现出以下新特点：第一，创新动力双轮化。产业技术创新目标着眼于强调解决产业发展中的重大、关键技术（或共性技术）问题，创新活动强调以企业为主体且具有一定的准公共性，而作为“后发”国家，我国产业技术储备相对不足，现有大量产业（如战略性新兴产业、传统产业等）技术创新完全依托市场进行资源配置存在能力欠缺，因此该类创新活动兼具政府引导和市场主导的“双轮”驱动性。第二，知识交互生态化。在创新过程中，知识已成为推动产业技术创新的关键要素，以企业为主体的不同利益体通过投入隐性知识和显性知识，改变整个创新链中的知识结构和功能，并通过构建知识生态链，利用知识生态交互（包括知识转移、转化等）进行演化，实现产业技术创新中跨组织知识资源配置，以此优化知识资源配置和推动知识经济化。第三，政府补贴杠杆化。产业技术创新致力于构建技术创新链带动整个产业的技术发展，以此提升经济与社会利益，政府补贴将在企业主导的知识投入和知识交互过程中产生调控作用，发挥杠杆价值。然而，由于创新主体投入的知识存在差异，创新链各主体间将形成不同的知识生态链，加上各主体在知识存量、知识转化能力等方面存在不同，造成跨组织知识生态交互及演化呈现多样性，甚至呈现低效率均衡，进而影响了产业技术创新效用，未能充分发挥跨组织的知识资源配置优势。因此，研究产业技术创新中的知识生态交互及政府补贴的调控机理，探索提高知识资源配置效率就成为推进产业技术创新发展中一个理论探索与应用价值高而广受关注的问题。

产业技术创新是传统组织合作创新的新形态，国内外学者对组织合作创新中的知识交互、政府补贴等相关内容进行了持续研究。在知识交互方面，王智生等（2016）指出对 R&D 联盟的知识合作与知识创新，应综合考虑 R&D 联盟合作中的知识转移与知识溢出。赵琨（2008）指出知识环境、内容、载体及渠道逐渐融合为一个有机整体，并呈现出类生态学特征。陈等（Chen et al.，2010）提出知识生态是在以知识为创新源的知识节点之间进行知识转移、知识流动而形成，知识生态通过影响创新组织的创新绩效来影响到其创新行为。王保林等（2014）指出知识生态作用于都市圈创新组织的创新活动，两者之间存在要素耦合性和机制同步性关系，由此诠释都市圈创新系统的创新与发展。由此看来，从生态视角开展对知识交互的研究逐渐得到重视。在组织合作创新中的政府补贴方面：孟卫军等（2010）构建了政府对制造商和供应商合作研发投入进行补贴的博弈模型，通过分析不同均衡程度揭示了政府对供应链企业的补贴程度。王玮等（2015）构建多阶段博弈模型，分析了政府和供应商的研发补贴，指出政府补贴有利于改进社会福利和推动研发投入达到市场均衡的作用。盛光华等（2015）考虑到内在生产成本和外部创新补贴方式，剖析了政府创新投入补贴度或者企业创新产品补贴度对创新模式选择的影响。刘兰剑等（2016）采用多智能主体 Blanhe 平台进行仿真实验，指出市场端财政补贴应当适时退出，技术端的财政补贴应该加大。张彩江等（2016）通过实证表明政府补助在适当的区间内，会促进企业研发投入，若补助过多，会挤出企业用于研发的其他资金投入，并不能起到促进企业创新的作用。

分析现有成果不难发现：第一，现有针对组织间合作创新的政府补贴、知识交互的相关研究较多地将知识作为单一组织变量，少见结合政府补贴引导知识生态交互特征，剖析其对产业技术创新中的知识链与创新链的影响机理，揭示政府对知识资源配置进行双重调控价值；第二，现有研究主要采用博弈论、实证研究等方法，虽然逐渐有学者开始基于生态学角度开展研究，少见融合博弈论、生态学等理论，对政府调控下知识生态链和技术创新链的协调发展进行研究。

然而，基于前面对产业技术创新中创新动力双轮化、知识交互生态化、政府补贴杠杆化等特征分析，不难发现：产业技术创新中资源配置具有政府补贴引导的知识生态交互特征，实行政府引导与企业主导的“双轮驱动”，将形成知识生态链和技术创新链，而政府将在两个链条上发挥调控作用，造成的不确定性均衡，对跨组织的知识资源配置效率影响较大（其中形成的低效率演化均衡将影响产业技术创新效用），而现有研究尚未结合这一新特征协调各主体的决策，未能充分发挥政府在知识投入、知识转化的调控作用，释放知识作为创新要素的关键驱动价值，这方面的研究还存在“缺口”，有必要对其展开深入探究。基于以上分析，本节融合效用、知识管理、知识生态学等理论，结合产业技术创新中呈现的政府补贴引导知识生态交互特征，探寻与揭示产业技术创新中政府补贴对知识投入决策、生态交互演化的影响机理，有望为政府制定促进产业技术创新的补贴政策提供理论参考。

4.1.2 基于知识生态交互的产业技术创新协调模式设计

基于产业技术创新定义，为了共同突破产业发展的共性及关键技术，自发建立优势互补、共担风险与共享利益的技术创新链，本节设定产业技术创新中包括核心组织（如企业，设定投入知识 x_1）和节点组织（如高校和科研院所等，设定为投入知识 x_2），通过显性知识和隐性知识投入开展技术研发、产品开发等活动（如图 4 -1 所示）。

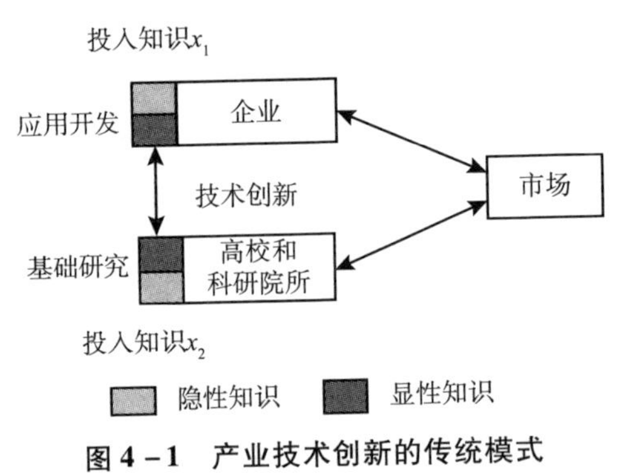

图 4 -1 产业技术创新的传统模式

为充分提升知识资源的跨组织配置效率，本节基于知识链、知识位势等理论和产业技术创新的传统模式（如图 4 -1 所示），构建基于知识生态交互的产业技术创新协调新模式（如图 4 -2 所示），具体描述为：第一，交互主体。在产业技术创新中，政府引导与市场主导的“双轮驱动”是技术创新链构建与发展的动力，因此其主体既包括传统市场主体中的企业、科研院所、高校等相关利益主体（称为创新主体），还包括政府（称为调控主体），各主体通过构建知识链进行知识交互，链条中各主体处于不同知识位势，知识将从位势高的主体流向位势低的主体，即进行知识转移（见图 4 -2 中①、②）。第二，知识交互策略。在产业技术创新中，技术创新链中主体将投入隐性知识和显性知识，以此改变创新链中知识资源配置结构和功能，从 SECI 知识转化模型（Nonaka et al.，1995）来看，由于各主体在知识位势、知识转化能力等方面存在差异，这些差异将影响各个主体实施不同的交互策略。这些交互策略体现在主体投入隐性知识和显性知识形成的知识链差异，根据技术创新链中各主体投入知识类型，将交互策略归结为：政府调控下的分散决策（创新主体投入隐性知识，具有专有性，主体间尚未形成知识链）和政府调控下的集中决策（创新主体投入显性知识，具有共性，创新主体间已形成知识链）知识资源配置关系。第三，交互结果。不同交互策略下将形成不同的演化均衡结果，如在政府调控下的分散决策时，往往通过政府构建高知识生态位势，调节知识转移或知识转化，促进各主体知识存量发生改变；在政府调控下的集中决策时，通过以创新主体自身调整知识生态位势，协调整个知识资源配置为主、政府补贴为辅。

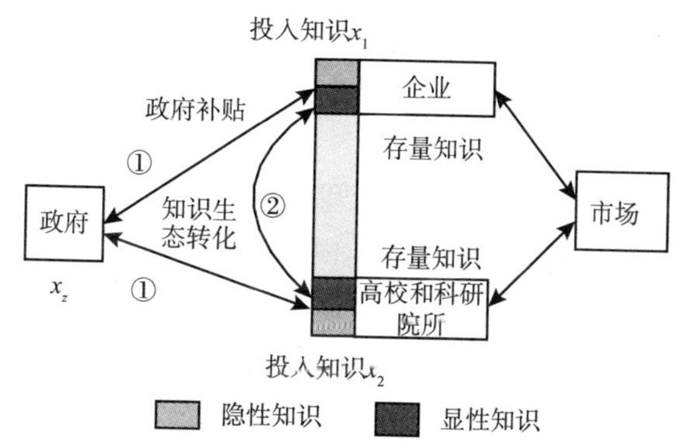

图4－2 基于知识生态交互的产业技术创新协调模式

4.1.3 知识投入产出效用及生态交互模型构建及分析

（1）理论基础、变量及假设。

基于前面对基于知识生态交互的产业技术创新协调模式的分析和描述，为讨论方便，简化操作，本节设定产业技术创新协调模式中主体包括创新主体（1个核心组织以及1个节点组织，构成技术创新链）和调控主体（由政府承担）。模型的变量及假设如下：

π_{x_i}表示创新主体通过投入知识 x_i 获得的利润。

L 表示均衡时核心组织投入的知识 x_1（包括隐性知识和显性知识），其弹性系数 α 反映知识在创新过程中的个体属性，C_L 表示核心组织运作每单位知识量所需要的成本。

K 表示均衡时节点组织投入的知识 x_2（包括隐性知识和显性知识），其弹性系数 β 反映知识在创新过程中的个体属性，C_K 表示核心组织运作每单位知识量所需要的成本。

D 表示知识投入对市场需求的影响，Q 表示知识投入对产品质量的提升，λ 为质量的边际需求率（即单位质量所扩大的市场需求量）。

ρ_{x_i}表示产业技术创新过程中成员获得的边际效益，是创新成果转化获得收益的体现。

A 表示创新过程中各成员将知识资源转化为价值的能力水平，是大于 0 的常数。

δ_1、δ_2 表示政府对创新链中核心组织和节点组织投入的补贴系数，均为大于 0 的常数。

Δn_{x_i}表示 t 时刻（$t>0$）知识 x_i 知识增长量。

r_{x_i}表示 t 时刻（$t>0$）知识 x_i 知识存量增长速度。

$\eta_{x_ix_j}$表示知识 x_i 从知识 x_j 进行知识转化的能力系数（该系数表示拥有知识 x_i 的主体在知识交互过程中学习、转化知识的能力）。

N_{x_i}表示知识 x_i 在没有其他类别知识影响下需要投入的最大知识存量，是各主体知识位势的具体表现。

θ_{x_i}表示知识交互过程中的知识转移比例系数，该系数主要指由于知识转移而导致知识存量变化的比例，是一个综合的概念。

n_{x_1}、n_{x_2}、n_{x_z}分别代表核心组织投入知识 x_1、节点组织投入知识 x_2 和政府投入知识 x_z 的知识量，其中用 L 表示 n_{x_1}均衡时的投入量，用 K 表示 n_{x_2}均衡时的投入量。

根据前面对模式的描述和前期研究基础，设定以下假设：

①基于产业技术创新的定义（吕薇，2013），产业技术创新中的核心组织和节点组织利用自身知识投入（包括隐性知识和显性知识）调整

知识的质与量，开展技术研发、生产等活动，进而扩大市场份额；假设政府与核心组织之间，以及核心组织与节点组织之间的信息都是完全对称的，政府发布创新补贴，各创新主体开展隐性知识及显性知识投入，政府进行补贴。基于一些学者的研究基础（Harhoff，1996），假定产品质量和市场需求之间是线性关系，基于改进 Cobb—Douglas 生产函数，分别构建产品质量函数和市场需求函数：$D=\sigma+\lambda Q$，$Q=AL^{\alpha}K^{\beta}$，其中 σ 为新产品开发前市场的固有需求，则核心组织和节点组织的利润函数分别为：

$$\pi_{x_1}=\rho_{x_1}D-C_LL(n_{x_1},n_{x_2},n_{x_z})+\delta_{x_1}C_LL(n_{x_1},n_{x_2},n_{x_z}) \tag{4.1}$$

$$\pi_{x_2}=\rho_{x_2}D-C_KK(n_{x_1},n_{x_2},n_{x_z})+\delta_{x_2}C_KK(n_{x_1},n_{x_2},n_{x_z}) \tag{4.2}$$

为讨论方便，用 L 表示 $L(n_{x_1},n_{x_2},n_{x_z})$，用 K 表示 $K(n_{x_1},n_{x_2},n_{x_z})$。

②基于一些学者的研究基础（孟卫军等，2010），设定创新链各主体首先进行知识资源投入和配置，政府提供补贴是为了解决产业技术创新中组织在创新活动中研发、生产等投入不足的问题，通过研发新技术、生产新产品来提高企业效益和市场竞争力。为便于分析政府补贴对产业技术创新的影响，这里设定其效用 $v(\delta_{x_1},\delta_{x_2})$ 的值为技术创新链各主体开展创新取得的效用之和减去政府补贴量，如式（4.3）所示：

$$v(\delta_{x_1},\delta_{x_2})=(\rho_{x_1}+\rho_{x_2})D-C_LL-C_KK \tag{4.3}$$

③基于知识位势、知识转移、知识存量等理论和前期研究基础，鉴于创新链中各组织间知识交互关系及其演化过程与自然界中生物种群之间的交互关系及演化过程相类似，适合借鉴 Lotka - Volterra 模型描述创新链组织间知识交互关系及其演化过程。设定产业技术创新过程中，各组织通过构建知识生态链，实现跨组织知识联通和流动；不同类型的知识将在一定阈值内实现知识增长过程，对于核心组织的知识投入 x_1，Δn_{x_1} 表示其瞬时知识增长量，设定单类知识封闭环境下的瞬时增长速度表示为：$r_{x_1}=\Delta n_{x_1}/n_{x_1}$，定义 n_{x_1}/N_{x_1} 为知识密度，用（$1-n_{x_1}/N_{x_1}$）表示随着投入知识积累对增长速度的影响因子，知识增长速度修改为：$\Delta n_{x_1}/n_{x_1}=r_{x_1}(1-n_{x_1}/N_{x_1})$，当 $n_{x_1}=N_{x_1}$ 时，知识增长速度趋于0；同时考虑到节点组织投入知识 x_2 对 x_1 知识增长的影响，将模型修改为式（4.4）：

$$\frac{\Delta n_{x_1}}{n_{x_1}} = r_{x_1}\left(1 - \frac{n_{x_1}}{\theta_{x_1}N_{x_1}} + \eta_{x_2x_1}\frac{n_{x_2}}{\theta_{x_1}N_{x_2}}\right),\ \eta_{x_2x_1} > 0 \qquad (4.4)$$

式（4.4）中，$\theta_{x_1}N_{x_1}$ 和 $\theta_{x_1}N_{x_2}$ 表示知识交互时，进行了知识转移（从原有存量知识中进行了转移），增加了相应的知识存量；同理考虑政府投入知识 x_z，则核心组织知识增长模型修改为式（4.5）：

$$\frac{\Delta n_{x_1}}{n_{x_1}} = r_{x_1}\left(1 - \frac{n_{x_1}}{\theta_{x_1}N_{x_1}} + \eta_{x_1x_2}\frac{n_{x_2}}{\theta_{x_2}N_{x_2}} + \eta_{x_1x_z}\frac{n_{x_z}}{\theta_{x_z}N_{x_z}}\right),\ \eta_{x_1x_2} > 0,\ \eta_{x_1x_z} > 0 \qquad (4.5)$$

同理，可以对政府及节点组织投入知识的增长过程进行描述。

（2）分散决策下和集中决策下的补贴均衡分析。

①分散决策下的补贴均衡分析。

本节将该模式描述为：产业技术创新中，核心组织与节点组织根据各自优势进行分工与协作，为提升自身质量，投入隐性知识（如专有性知识），考虑到隐性知识的重要性、内隐性等，投入主体不愿意流动（或者投入的隐性知识难于在创新主体间进行有效流动），未形成知识链，各组织通过分散决策，各自开展创新活动（如在新兴产业发展初期，节点组织（如高校和科研院所）缺乏相关理论知识储备，进行相关的基础理论和方法研究；核心组织（如企业）缺乏生产、管理等经验，进行相应的管理探索，形成经验积累）；考虑到各组织的创新行为及成果对产业发展有促进作用，具有一定的准公共性，为鼓励创新投入，政府发布补贴政策，承诺向开展创新活动中的各组织提供补贴，单位补贴率为 δ_{x_1}、δ_{x_2}，产业技术创新中的各组织根据政府补贴水平进行知识投入（其实质是由于技术创新链上各主体投入知识未实现连通，而通过发放补贴实现政府与技术创新链中各组织间的知识联通，利用构建知识链推动知识流动）。此时，各组织根据自身估计利益进行最优投入，令式（4.2）和式（4.3）中 $\partial\pi_{x_1}/\partial L = 0$，$\partial\pi_{x_1}/\partial K = 0$，简化后：$K = C_L\beta\rho_{x_2}(1-\delta_{x_1})L/C_K\alpha\rho_{x_1}(1-\delta_{x_2})$，进一步计算可得两组织的均衡时，知识投入分别为：

$$\begin{cases} L' = (A\lambda)^{\frac{1}{1-\alpha-\beta}}[\alpha\rho_{x_1}/C_L(1-\delta_{x_1})]^{\frac{1-\beta}{1-\alpha-\beta}}[\beta\rho_{x_2}/C_K(1-\delta_{x_2})]^{\frac{\beta}{1-\alpha-\beta}} \\ K' = (A\lambda)^{\frac{1}{1-\alpha-\beta}}[\alpha\rho_{x_1}/C_L(1-\delta_{x_1})]^{\frac{\alpha}{1-\alpha-\beta}}[\beta\rho_{x_2}/C_K(1-\delta_{x_2})]^{\frac{1-\alpha}{1-\alpha-\beta}} \end{cases} \tag{4.6}$$

式（4.6）表示均衡状态下，核心组织及节点组织知识投入量，将此投入量代入政府补贴效用函数 $v(\delta_{x_1},\ \delta_{x_2})$，并令 $\partial v/\partial\delta_{x_1}=0$，$\partial v/\partial\delta_{x_2}=0$，可求得分散决策下政府对各组织的补贴比例，如式（4.7）所示：

$$\begin{cases} \delta'_{x_1} = [\rho_{x_2} + (1-\lambda)\rho_{x_1}]/(\rho_{x_1}+\rho_{x_2}) \\ \delta'_{x_2} = [\rho_{x_1} + (1-\lambda)\rho_{x_2}]/(\rho_{x_1}+\rho_{x_2}) \end{cases} \tag{4.7}$$

式（4.7）反映出各组织分散决策时，取得纳什均衡下的政府补贴率。不难发现：此时，政府对技术创新链中各主体的补贴率将取决于质量的边际需求率 λ，以及技术创新链中各组织边际收益 ρ_{x_1}、ρ_{x_2}。

上述研究表明：

第一，提升质量是影响市场需求的重要因素，若质量的边际需求率 λ 越大（即 $\lambda\to1$），则表明技术水平对市场影响较大（即创新主体技术水平越高，越能扩大市场份额），均衡时，单个组织获得的政府补贴较低；当 λ 确定后，补贴达到均衡时，一方得到政府补贴率与另一方边际收益率、自身边际收益率相关。在这种投入方式下，政府补贴的作用在于弥补技术创新链各主体自身投入的不足，进而推动创新投入。此时，通过政府补贴，增加社会福利，边际收益率低的组织将获得较高补贴，而边际收益率高的组织将获得较低补贴，从而推动产业技术创新各个环节均衡发展。

第二，若质量的边际需求率 λ 较小（即 $\lambda\to0$），表明技术水平对市场影响较小，投入将成为扩大市场的重要因素，创新链主体及政府投入有利于推动市场需求发展。投入均衡时，政府补贴率 $\delta^*_{x_1}=\delta^*_{x_2}=1$。但是，这也表明政府补贴已成为各组织创新投入的替代品，政府投入将“挤占”技术创新链各主体的知识投入，使创新主体产生激励错位和补贴依赖，未能发挥补贴的“杠杆”功能和产生积极的公共资源配置价值。

另外，上述对于政府及核心组织投入均衡讨论的前提是假定知识投入过程中，由政府和创新链主体单独构建的知识链中各成员未进行有效的知识转移、转化。但在实际知识链运作过程中，知识作为一种无形资源，价值性与溢出性并存，通过知识交互，各知识主体的知识量将发生转移、转化，对均衡时的知识投入量 L、K 产生影响。以下进一步分析知识投入过程中，政府投入知识和核心组织投入知识的相互影响，揭示知识转化、转移机理。

结合前期研究基础和基于 SEIC 模型（Nonaka，1995），政府投入知识（此时的政府投入知识可以理解为：通过财政获得知识）与各创新主体在知识投入过程中将进行知识交互，创新链各主体知识投入总量是投入知识 n_{x_1}，n_{x_2}，n_{x_z}的函数，记为 $L(n_{x_1},\ n_{x_2},\ n_{x_z})$、$K(n_{x_1},\ n_{x_2},\ n_{x_z})$。根据前面分析以及前期研究成果，当知识投入达到均衡后，可得方程组（4.8）：

$$\begin{cases}\phi_1(n_{x_z}) = 1 - \dfrac{n_{x_z}}{\theta_{x_z}N_{x_z}} = 0 \\ \omega_1(n_{x_1},\ n_{x_z}) = 1 - \dfrac{n_{x_1}}{\theta_{x_1}N_{x_1}} + \eta_{x_1x_z}\dfrac{n_{x_z}}{\theta_{x_z}N_{x_z}} = 0 \\ \varphi_1(n_{x_2},\ n_{x_z}) = 1 - \dfrac{n_{x_2}}{\theta_{x_2}N_{x_2}} + \eta_{x_2x_z}\dfrac{n_{x_z}}{\theta_{x_z}N_{x_z}} = 0\end{cases} \tag{4.8}$$

式（4.8）中 $\phi_1(n_{x_z})$ 表示政府投入知识演化过程，$\omega_1(n_{x_1},\ n_{x_z})$ 表示核心组织投入知识演化过程，$\varphi_1(n_{x_2},\ n_{x_z})$ 表示节点组织投入知识演化过程。基于前期研究基础，求解由变量 n_{x_1}、n_{x_2}、n_{x_z}组成的三元一次方程组（4.8），可转变为政府对技术创新链中每一个组织的调控，得到新的均衡点如图 4-3 所示：$A_2(0,\ \theta_{x_z}N_{x_z})$，$A_4[\theta_{x_1}N_{x_1}\ (1+\eta_{x_1x_z}),\ \theta_{x_z}N_{x_z}]$。

均衡点 A_2、A_4 是直线 $\phi_1 = 0$ 与直线 $\omega_1 = 0$ 演化过程形成的可行解，结合前期研究基础，对其演化规律进一步分析：当 $\eta_{x_1x_z} > 0$，稳定态向 A_4 演化，此时 $N'_{x_1} = N_{x_1}(1+\eta_{x_1x_z})$，由于 $\eta_{x_1x_z} > 0$，则 $N'_{x_1} > N_{x_1}$，同理，可以计算政府投入知识与节点组织投入知识进行交互、转化（隐性知识之间的社会化活动）后得到的均衡值 $N'_{x_2} > N_{x_2}$，即由于进行了知识转化，政府分别与核心组织和节点组织投入知识进行交互后，创造出新知识，产生了协同倍增效应。

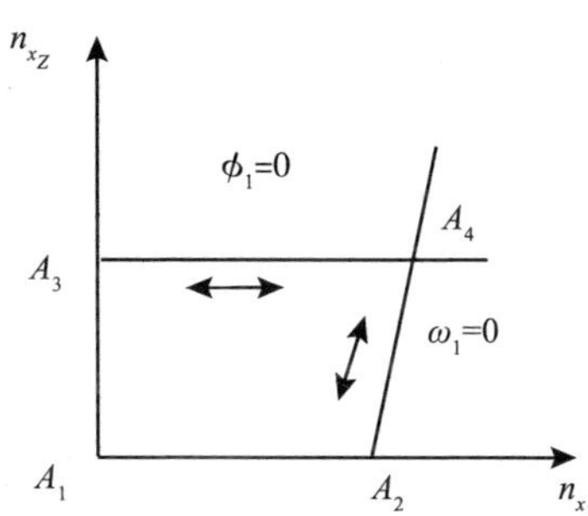

图 4-3 政府补贴下的核心组织知识演化趋势

这表明通过政府补贴，构建知识生态链，将政府中处于较高知识位势的知识（如通过政府补贴或者购买等获得的知识）向技术创新链中的各节点进行流动，以此推动产业技术创新链中的各主体的知识转化、转移，有利于弥补产业技术创新中知识投入不足的问题。研究还表明：在知识交互过程中，各创新主体中的知识转化能力系数 η 是影响政府与核心组织投入知识转化及演化的重要因素。基于此，通过调整创新链主体的知识转化能力系数，有望推动技术创新链中各创新主体的知识转化，实现高效率的知识价值增值。

②集中决策下的补贴均衡分析。

本节将该模式描述为：考虑到产业技术创新的准公共性，为弥补创新投入的不足，在产业技术创新过程中，核心组织和节点组织共同投入显性知识（对于各创新主体，具有共性、可替换），作为产业技术创新主体的核心组织（如企业）发挥主导作用，能够协调技术创新链上各组织的知识资源，利用集中决策，整合创新资源，将知识资源纳入一个整体进行配置，构建知识生态链，由此追求共同利益的最大化。此时，政府进行补贴承诺，技术创新链各成员进行知识资源配置，在共同体观测到补贴比例后进行知识投入，推动产业技术创新取得利润最大化。因此，产业技术创新过程中的目标函数可表示为式（4.9）：

$$\mathrm{Max}[v(\delta_{x_1}, \delta_{x_2})] = (\rho_{x_1} + \rho_{x_2})D - (1 - \delta_{x_1})C_L L - (1 - \delta_{x_2})C_K K \tag{4.9}$$

对式（4.9）求导，令$\partial v/\partial\delta_{x_1} = 0$，$\partial v/\partial\delta_{x_2} = 0$，对式（4.9）的计算可求得，当$\rho_{x_1}(1-\alpha) + \rho_{x_2}(1-\beta) = 0$时，知识投入达到均衡，此时$\alpha + \beta > 1$，表明通过创新来扩大规模增加市场份额是有利的，$\delta_{x_1}^*$、$\delta_{x_2}^*$无论取何值，都不对均衡值产生影响（即通过市场资源配置，实现了创新链的“自身造血”功能）。可见，在集中决策下，各成员创新取得的边际效益及知识个体属性在满足一定条件下，投入均衡时，政府不提供补贴即可形成帕累托均衡，实现投入最优。

上述研究表明：在创新链主体间构建知识链，实现跨组织的知识资源配置，有利于发挥市场主体在资源配置中的调节作用，推动产业技术创新；政府补贴目的是提供社会福利，当技术创新链中各组织能够通过市场调节达到市场资源的配置时，不需要政府补贴。若此时进行政府补贴，必将影响市场主体创新投入的积极性，产生“挤出”效应，没有产生积极的公共资源配置价值。

上述分析尚未考虑两类知识交互过程中的知识转化、转移作用，以下进一步分析知识交互均衡时知识投入量L、K的作用过程，揭示各类知识相互影响机理。结合前面研究过程，构建核心组织与节点组织知识交互及演化方程，并求解由变量n_{x_1}、n_{x_2}组成的二元一次方程组（4.10）：

$$\begin{cases} \omega_2(n_{x_1}, n_{x_2}) = 1 - \dfrac{n_{x_1}}{\theta_{x_1}N_{x_1}} + \eta_{x_1x_2}\dfrac{n_{x_2}}{\theta_{x_2}N_{x_2}} = 0 \\ \varphi_2(n_{x_1}, n_{x_2}) = 1 - \dfrac{n_{x_2}}{\theta_{x_2}N_{x_2}} + \eta_{x_2x_1}\dfrac{n_{x_1}}{\theta_{x_1}N_{x_1}} = 0 \end{cases} \tag{4.10}$$

式（4.10）中$\omega_2(n_{x_1}, n_{x_2})$表示核心组织的投入知识$x_1$演化过程，$\varphi_2(n_{x_1}, n_{x_2})$表示节点组织的投入知识$x_2$演化过程。经计算，可得均衡点（如图4-4所示）：$A_2(\theta_{x_1}N_{x_1}, 0)$，$A_3(0, \theta_{x_2}N_{x_2})$，$A_4\left[\dfrac{\theta_{x_1}N_{x_1}(1+\eta_{x_2x_1})}{1-\eta_{x_1x_2}\eta_{x_2x_1}}, \dfrac{\theta_{x_2}N_{x_2}(1+\eta_{x_1x_2})}{1-\eta_{x_1x_2}\eta_{x_2x_1}}\right]$。

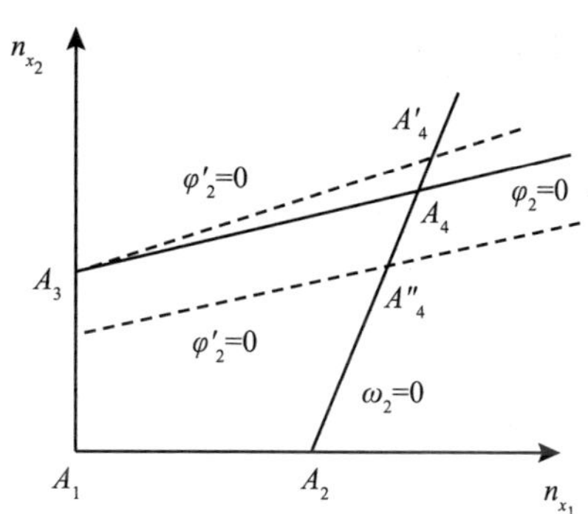

图 4-4　知识生态链组织间知识转化演化趋势

图 4-4 反映出由直线 $\omega_2=0$ 与 $\varphi_2=0$ 构成的知识转化及演化关系，结合前期研究成果，对知识转化能力系数、知识转移比例系数、最大知识存量等因素对知识存量的增长及稳定态影响进行讨论：当 $\eta_{x_1x_2}>0$，$\eta_{x_2x_1}>0$ 时，知识转化后，直线 $\omega_1(n_{x_1}, n_{x_2})=0$ 与 $\varphi_2(n_{x_1}, n_{x_2})=0$ 上的点各自沿稳定条件演化，在 A_4 点达到稳定态。这表明知识生态链成员之间通过知识交互，实现了知识转化（如通过会议、文件等交流，实现了显性知识之间的知识组合化），在知识转化过程中，如果知识转化能力系数 $\eta_{x_1x_2}$越大，显性知识 x_2 对显性知识 x_1 的知识存量增长页献越大（见图 4-4 中的 A_4、A'_4）；同理可以分析存量知识对知识转化的影响（见图 4-4 中的 A_4、A''_4）。由此可见，通过调整知识转化能力系数、知识存量，推动技术创新链各交互主体形成均势共生关系（即 $\eta_{x_1x_2}$、$\eta_{x_2x_1}$ 均较大，知识存量也较大），有望构建知识生态链，并由此推动知识生态链的共生演化，实现高效率演化均衡。同时，稳定点的值 $[\theta_{x_1}N_{x_1}(1+\eta_{x_2x_1})]/(1-\eta_{x_1x_2}\eta_{x_2x_1})$ 也表明两者取得均衡值与知识转移比例系数 θ 有关，如果该系数越大，稳定状态时的知识存量将越大（对于知识转移及演化均衡的讨论已在前期进行研究）；反之，则会影响稳定时的知识存量。

综上所述，知识生态链中各成员的知识转化能力系数、最大知识存量、知识转移比例系数等因素的对称性与均势性是知识交互高效率演化、实现可持续发展的重要条件。当上述三因素对称且较大时，将形成互利互惠的均势共生关系，以此构建高效的知识生态链，促进知识在创新主体间进行双向流动、创新等，推动知识存量增长；反之，如果上述三因素相互影响较小或不对称，知识生态链中的各组织知识转化、转移缺乏有效动力，容易造成知识链不稳定、扭曲甚至中断，进而影响知识的跨组织运作和产业技术创新效用。

③对不同投入知识形成均衡结果的讨论。

通过对比分析本节①、②中政府补贴对创新投入的影响，不难发现：

第一，政府补贴能够激励技术创新链各组织增加知识投入。政府补贴对于知识投入和生态转化具有双重调控作用：在分散决策下，政府补贴最大，在集中决策下，政府补贴越小；技术创新链上的各主体面向产业实施专有化投入（如投入隐性知识）越高，政府补贴和总利润越高，对产业技术创新投入促进效果越好。这也表明不同种类的知识投入，将影响政府的补贴策略。

第二，技术创新链中的知识生态链配置差异将影响政府补贴策略。在产业技术创新过程中，通过政府补贴可以构建知识链，实现知识在不同主体的流动，存在知识“缺口”的主体总是通过相连的知识主体获取知识，以弥补自身不足。在分散决策下，政府补贴知识位势较高，通过适当的知识流动，弥补了技术创新链单个组织知识投入不足的问题，从整体水平上拉高了创新主体的知识生态位势；而在集中决策下，通过协调相关创新主体，实现了知识的流动，弥补自身不足。

第三，知识链主体形成均势共生关系有助于知识的转化。在知识生态链的构建及演化过程中，创新主体的知识转化能力系数、知识存量等因素是影响知识生态链演化及均衡的重要条件，通过调节技术创新链上各组织的知识转化能力系数、知识存量等影响因素，形成均势共生关系，将有助于推动知识生态链上知识转化及演化均衡，实现各创新主体知识生态位势的调整。

4.1.4 数值算例与分析

为全面、清晰地反映政府补贴对创新链各主体知识投入、生态交互的影响，本节根据前面假设研究条件和研究过程，以产业技术创新中的核心组织投入知识 x_1、节点组织投入知识 x_2 及政府投入知识 x_z 为对象设定数值，分别对投入知识的个体属性参数 α 与 β、投入知识运作成本系数 C_L 与 C_K、质量的边际需求率 λ 等进行赋值，计算投入均衡时的知识投入量 L、K，政府补贴率 δ'_{x_1} 与 δ'_{x_2}，创新主体收益 π_{x_1} 与 π_{x_2} 等，以下对知识资源的投入产出效用进行讨论，如表 4－1。

表 4－1　两种决策下的知识投入产出数值模拟结果

序号	参数												政府补贴率		收益率		
	α	β	A	L	K	C_L	C_K	ρ_{x_1}	λ	σ	C_M	ρ_{x_2}	δ'_{x_1}	δ'_{x_2}	π_{x_1}	π_{x_2}	$v(\delta_{x_1}, \delta_{x_2})$
1a	0.3	0.2	1	16	21	2	1	10	0.3	10	1	15	0.88	0.82	109	103	—
1b	0.3	0.2	1	16	21	2	1	10	0.1	10	1	15	0.96	0.94	165	156	—
2b	1.2	0.2	0.1	110	11	2	1	10	0.1	10	1	2.5	0.5	0.8	—	—	125
3b	1.2	0.2	0.1	99	4	2	1	10	0.1	10	1	2.5	0.8	0.6	—	—	125

表 4－1 中，1a、1b 表示分散决策下，质量的边际需求率 λ 对知识投入均衡时，对政府补贴率 δ'_{x_1} 与 δ'_{x_2} 以及创新主体收益 π_{x_1} 与 π_{x_2} 的影响；对比分析 1a、1b 可知：随着 λ 的减小，政府补贴 δ'_{x_1} 与 δ'_{x_2} 会逐渐递增，进而带动创新主体收益 π_{x_1} 与 π_{x_2} 的增长；同理，可以调整参数 ρ_{x_1}、ρ_{x_2} 等，分析其对补贴系数及收益的影响，由此验证 4.1.3 节中（2）的推论结果。

表 4－1 中，2b、3b 表示集中决策下，知识投入均衡时，政府补贴率 δ'_{x_1} 与 δ'_{x_2} 对创新主体收益 π_{x_1} 与 π_{x_2} 总收益的影响；研究表明：当 ρ_{x_1}

$(1-\alpha)+\rho_{x_2}(1-\beta)=0$ 时，政府补贴效用 $v(\delta_{x_1},\ \delta_{x_2})$ 与 δ'_{x_1}、δ'_{x_2}取值无关（即调整补贴值，政府补贴效用 $v(\delta_{x_1},\ \delta_{x_2})$ 不会发生变化），由此验证 4.1.3 节中（2）的推论结果。

另外，为进一步分析政府、核心组织和节点组织投入知识构建的知识生态链及演化过程，本节采用 Matlab R2013 软件进行模拟。基于前面假设，设定知识转移比例系数 $\theta_{x_1}=\theta_{x_0}=\theta_{x_z}=1$（暂不考虑知识转移的作用），产业技术创新中核心组织投入知识的最大值 $N_{x_1}=16$（以分散决策中的投入量为例），根据前面计算，此时政府投入为 $N_{x_2}=\delta_{x_1}C_L L(n_{x_1},\ n_{x_2},\ n_{x_z})=28$，设定知识增长速度 $r_{x_z}=0.4$，$r_{x_1}=0.5$，两类知识存量初始状态值 $n_{x_z}=4$，$n_{x_1}=6$，仿真结果如图 4 - 5（a）所示；设定产业技术创新中核心组织投入知识的最大值 $N_{x_1}=110$、$N_{x_2}=11$（以集中决策中的投入量为例），设定知识增长速度 $r_{x_1}=0.4$，$r_{x_2}=0.5$，两类知识存量初始状态值 $n_{x_1}=4$，$n_{x_2}=6$，仿真结果如图 4 - 5（b）所示；知识转化能力系数调整后，如图 4 - 5（c）所示：

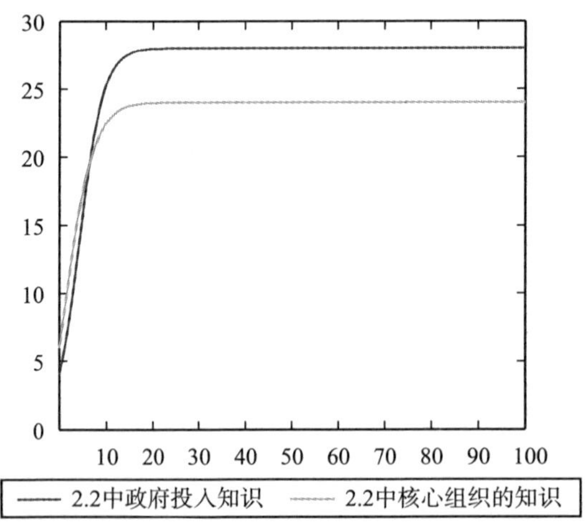

图 4 - 5（a）　分散决策下知识生态交互演化（$\eta_{x_z x_1}=0.4$，$\eta_{x_1 x_z}=0.5$）

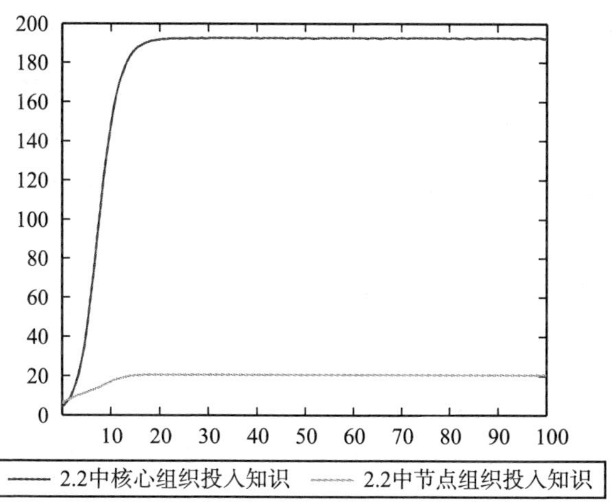

图4－5（b）　集中决策下知识生态交互演化（$\eta_{x_1x_2}=0.4$，$\eta_{x_2x_1}=0.5$）

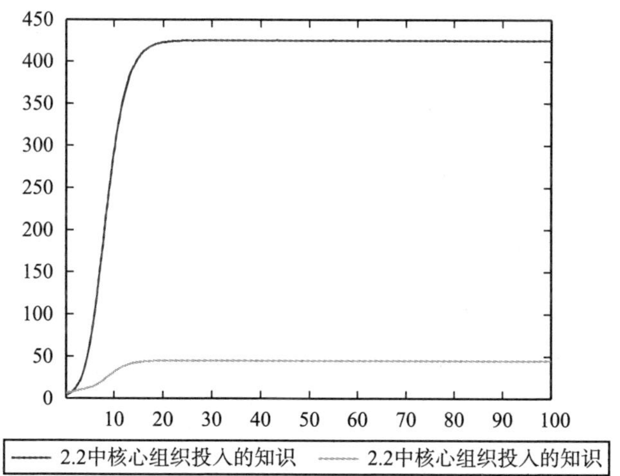

图4－5（c）　分散决策下知识转化能力系数对知识生态交互演化的影响（$\eta_{x_1x_2}=0.7$，$\eta_{x_2x_1}=0.8$）

图4－5（a）、（b）、（c）中的数值模拟研究表明：创新链各主体的知识转化能力系数是推动知识生态链实现快速、高效演化的关键因素，通过调节知识转化能力系数、投入知识量，形成均势共生关系，将有助于拉升整个创新链的知识存量，这也说明当产业技术创新各主体知识存

量较低时（尤其是作为“后发”国家，我国战略性新兴产业发展过程中缺乏关键、共性技术与知识储备），知识转化将处于低效率均衡；而通过构建互惠互利的均势共生关系，有利于加速知识转化，实现高效均衡。如在分散决策中，通过与政府投入过程中的知识进行交互、转化，投入量 $n_{x_1}^* = 11$ 即可达到知识投入的均衡量 $n_{x_1} = 16$；同理，可以分析集中决策时，考虑知识转化情况下，核心组织与节点组织的知识投入均小于不转化时的投入量，这表明通过有效知识转化，实现了知识创新；同理，还可以分析技术创新链中的核心组织与节点组织的知识转化能力系数对知识交互及演化均衡的影响，由此验证前文的分析结果。另外，还可以调整知识转移比例系数分析其对知识交互演化均衡的影响。

综上所述，上述算例验证了产业技术创新中显性知识与隐性知识投入时政府补贴策略研究结论，也验证了创新链各主体知识转化能力系数、知识转移比例系数以及知识存量对知识交互及演化的影响机理，进而为政府制定双重调控策略提供了理论启示。

4.1.5 研究结论与启示

（1）研究结论。

政府引导的知识生态交互是产业技术创新的新特征，本节融合效用理论、知识管理、生态位等理论设计了基于知识生态交互的产业技术创新协调模式，开展定性与数值算例分析，剖析知识投入与转化对创新利润的影响，可以得到如下结论：

①结合政府补贴引导知识生态交互是产业技术创新呈现的新特征，本节将产业技术创新中的知识细分为隐性知识和显性知识，设计产业技术创新协调新模式，揭示了政府补贴在知识资源配置过程中双重调控机理，拓展了政府引导的知识链、技术创新链理论融合发展研究。

②根据设计产业技术创新协调新模式，基于改进 Cobb - Douglas 函数建立知识投入产出效用模型和基于改进 Lotka - Volterra 构建知识生态

交互模型，将传统投入产出利润模型与 Lotka－Volterra 模型进行嫁接、融合，拓展了传统投入产出效用模型及知识生态交互建模方法。

③通过构建政府引导的知识生态链，形成均势共生关系，利用政府补贴调节产业技术创新中各组织的知识投入，推动知识生态交互，调整不同知识生态位势，促进知识在不同主体之间的双向流动、转移、转化，实现内生发展，有利于提高产业技术创新中的知识资源配置效率。

（2）管理启示。

本节的研究过程与结论对于发挥政府补贴在技术创新中的作用以及推动产业技术创新发展具有一定的启示作用，具体表现为：

①本节对比分析了显性知识、隐性知识投入形成的不同知识链，揭示了政府补贴产生的不同调节作用。因此，相比于发达国家，我国战略性新兴产业集群在开展技术创新时，要着重考虑隐性知识和显性知识发挥的价值和形成的差异，利用政府投入，构建不同的知识链，提升知识的生态位势，推动知识生态链主体的知识流动、转化，实现跨组织的知识资源配置。

②考虑到产业技术创新投入知识具有一定的产业导向性，创新过程中，要协调好核心组织、节点组织的知识转化能力系数、知识存量等，调整各类知识形成均势共生关系，构建知识生态链，提升知识转化能力水平，促进知识在各创新主体间的双向转化、创新，推动知识转化实现高效率均衡，形成协同倍增效应，以此优化跨组织的知识资源配置效率。

③通过政府引导的“知识生态链＋技术创新链”，将知识链和创新链纳入整体框架进行考虑，利用知识投入、转移、转化的协调发展，实现知识价值增值，释放知识作为创新要素的关键驱动价值，可以发挥政府引导与企业主导的双轮驱动，推动产业技术创新。

4.1.6 本节小结

政府补贴引导知识生态交互是产业技术创新呈现的新特征，本节融合效用、知识管理、知识生态学等理论设计了基于知识生态交互的产业技术创新协调模式，基于改进 Cobb – Douglas 函数建立知识投入产出效用模型和基于改进 Lotka – Volterra 模型构建知识生态交互模型，结合定性与数值算例分析了分散决策下和集中决策下政府对知识投入及生态交互的双重调控机理。研究表明：通过构建政府引导的知识生态链，形成均势共生关系，利用政府补贴调控产业技术创新中各组织的知识投入，推动知识生态交互，调整不同知识生态位势，促进知识在不同主体之间的双向流动、转移、转化，实现内生发展，有利于提高技术创新链中的知识资源配置效率，有望提升产业技术创新效用。

本节基于改进 Cobb – Douglas 函数建立知识投入产出效用模型和基于改进 Lotka – Volterra 模型构建知识生态交互模型，本书研究仅考虑了技术创新链中分别投入隐性知识和显性知识，形成的分散决策下和集中决策下的均衡结果，下一步如何进一步细化创新方式、知识转化方式探讨相应的知识资源配置方式等，由此揭示构建不同知识链对技术创新链的影响，将是深入研究的重点。

4.2 基于知识生态螺旋的产业技术双元创新协调研究

4.2.1 模式的提出

产业技术创新是提升国家自主创新能力的重要途径，是战略性新兴产业集群发展的重要驱动力和基本行为之一，主要指产业技术创新的相关利益者以契约关系为基础，以产业共性（或关键）技术的突破性创新或建立行业标准为目标，注重合作主体间建立长期稳定的合作关系，强调技术成果的大规模商业化运用的新型组织方式，具有战略长远性、目标产业化、合作自由性、主体企业化等特征（吕薇，2013），其创新过程反映出一种利用性与探索性并存的双元协调关系（董小英等，2015）。

随着知识经济时代的到来，知识逐渐成为最重要生产因素之一（Nonaka，1995；Hana，2013），知识螺旋过程（即知识创造过程）描述的不同组织成员间通过互动和交流以带来显性和隐性知识的不断转换和共享（戴万亮等，2012），是产业技术创新过程中的基本活动，已成为推动产业技术创新最重要的运作方式之一。从知识管理的角度来看，不同于传统组织间中资金、技术、设备、场地等有形资源，产业技术创新中的知识投入、知识螺旋等活动表现出以下新特点：第一，创新活动双元化。产业技术创新目标是解决产业发展的重大技术需求（如关键及共性技术），所投入的知识既包括利用性创新，也包括探索性创新，前者是组织开展渐进性创新的普遍活动，而后者则是实现颠覆式创新的关键行为。第二，资源配置企业主导化。产业技术创新行为及结果具有一定的准公共性，参与创新的相关利益主体（企业、高校和科研院所等）进行共同投入，企业在整个科技创新和成果转化起着主导作用，协调各主体知识资源投入及转化。第三，知识螺旋生态化。在各种知识资源投入、交互过程中，利用性创新与探索性创新中投入的各种知识将在不同主体之间进行生态交互、转化，构建知识生态链，发挥协同优势（胡园园等，2015），提升技术创新链中知识的质与量；然而，受不同主体知识投入策略，以及不同主体知识投入量、知识螺旋效应等影响，知识投入及转化容易形成低效率均衡，难于发挥知识资源的社会化配置效应。由此可见，知识资源投入及生态螺旋对于产业技术创新具有重要影响。因此，通过剖析产业技术创新中知识资源配置的双元协调及螺旋机理，探索跨组织的知识资源配置效应，就成为产业技术创新中一个理论研究与应用价值高而备受关注的问题。

产业技术双元创新是对产业技术创新传统方式的细分、拓展，学者们对此进行了持续研究。在双元创新方面：双元创新包括利用性创新和探索性创新，旨在兼顾二者行为以增强市场价值，促进组织的长期发展（Reilly et al.，2011），是避免进入“成功陷阱”和“失败陷阱”的重要举措（March，2006）；图尔纳等（Turner et al.，2012）总结了一些学者的观点，指出双元创新是既使用和提炼已有知识（利用性创新），又创造新知识（探索性创新）的能力。在产业技术创新协调方面：巴斯卡尔等（Bhaskaran et al.，2009）比较了成本分摊和任务分摊的合作开发模式在不同条件下的优劣；周宇等（2010）构建了包括两个供应商和一个制造商的合作产品开发成本分摊模型讨论了供应商之间进行研发决策的相互影响；顾新等（2016）基于改进柯布—道格拉斯函数建立双元创新的知识投入协调模型结合定性与数值算例分析了联盟纳什均衡与帕累托均衡下的成员知识投入量。在知识生态、知识螺旋方面：蒋天颖等（2012）构建了企业知识转移生态学模型，分析了知识个体、知识种群与知识群落间知识等不同制式转移的影响因素；知识螺旋模型是基于隐性知识与显性知识的划分方式，定义了两种知识相互转化的四个过程，即社会化、外在化、联结化和内在化（Nonaka，1995；戴万亮等，2012）；沙尔默（Scharmer，2001）在诺纳卡和塔克齐（Nonaka & Takeuchi）知识螺旋的基础上将隐性知识细分为物化的隐性知识和自我超越的隐性知识，提出了知识创新的双重螺旋模型；何桢等（2015）构建供应链关系质量与创新价值链的结构方程模型，研究结果表明行为过程积极显著影响知识螺旋和创新价值链。

分析现有成果不难发现：第一，现有针对产业技术创新中的知识投入及知识螺旋的相关研究较多地将知识作为一个单节点变量，少见对产业技术创新中的知识投入、流动与价值创造纳入整体框架，进行双层调节。第二，现有研究主要采用博弈论、实证研究等方法，虽然有学者开始从生态角度关注知识螺旋，少见结合产业技术创新呈现的利用性与探索性创新双元等新特征，剖析不同知识在生态系统中的生态位宽度、生态位重叠度等，对知识生态螺旋开展研究。

然而，基于前面对创新技术创新活动、资源配置、知识螺旋等特征的分析，不难发现：产业技术创新呈现出利用性与探索性创新双元特征，不同类型投入知识经过螺旋会形成不同层次、相互关联的生态关系，并演化出多种稳定状态，将对跨组织的知识资源配置效率形成较大影响，甚至形成低效率演化均衡，而现有研究尚未结合这一新特征协调各主体的决策，未能充分发挥跨组织知识资源的协作优势和释放知识螺旋效应，这方面的研究还存在“缺口”，有必要对其展开深入剖析。基于以上分析，本节从生态学角度，结合产业技术创新呈现的利用性与探索性创新双元特征，探寻与揭示产业技术双元创新中协调及生态螺旋过程，有望为优化产业技术创新中知识资源的配置提供理论参考。

4.2.2 基于知识生态螺旋的产业技术双元创新协调模式设计

基于产业技术创新定义，通过知识投入开展产业技术创新，其创新过程中既包括突破性探索，也包括持续改进，前者主要由节点组织 1 和节点组织 2（如高校、科研院所等构成，主要开展探索性创新）完成，后者主要由核心组织（如企业等构成，主要开展利用性创新）完成，其中前者是推动产业技术创新的关键环节之一。

为充分发挥核心组织在产业技术创新中的调节作用，提升知识资源投入及配置效率，本节在产业技术创新的传统模式基础上，构建基于知识生态螺旋的产业技术双元创新协调模式（如图 4－6 所示）。第一，考虑到产业技术创新活动具有一定的准公共性以及节点组织存在知识投入不足等问题，为推动产业技术创新，核心组织向节点组织投入部分知识（如利用性创新）以降低节点组织研发成本（见图 4－6 中①）。第二，组织间知识螺旋由知识交互、转化实现，从知识转化模型（Nonaka，1995；Scharmer，2001）来看，在技术创新链中节点组织与核心组织投入知识具有一定的临近性，双方可以进行共享、交流、转化等（见图4－6中②）。第三，基于知识链（胡园园等，2015）、知识生态学（王智生等，2016）等理论研究基础，本节设定产业技术创新中各知识种群处于不同的知识生态位，核心组织投入的知识（如利用性创新）作为重要“支点”，与其他投入知识（如节点组织投入知识、核心组织向其他组织投入知识等）进行知识组合化、内部化、外部化活动，形成生态交互关系，构建知识生态链，并推动知识的有序流动、转化（如知识的整合、知识消化吸收后创新等），发挥知识螺旋效应（见图4－6中③），推动价值增加。第四，基于供应链理论和前期研究结果（周宇等，2010），核心组织对于知识投入进行双重调控，即产业技术创新过程中的知识资源配置均衡是知识投入均衡和知识生态螺旋均衡的共同作用，核心组织起着“杠杆”角色，通过调节知识投入和知识螺旋，推动产业技术创新中的知识生态链和技术创新链协调发展。

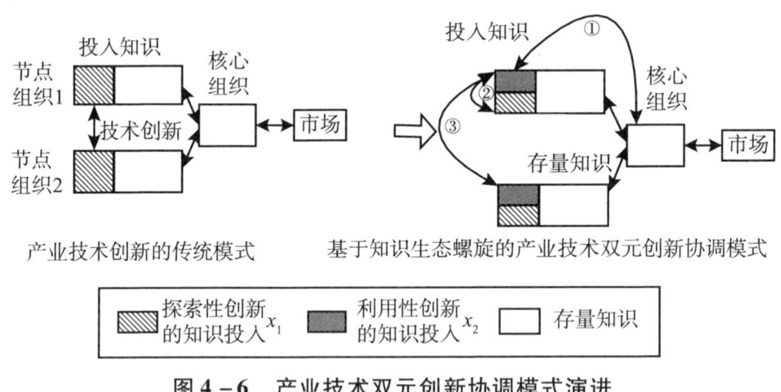

图4－6　产业技术双元创新协调模式演进

4.2.3　双元创新的知识投入协调模型

（1）理论基础、变量及假设。

根据前面对产业技术双元创新协调模式设计和分析，为简化讨论，该技术创新链（如图4－6所示）由一个核心组织（如链条中的核心企业）和两个节点组织（如链条中的高校、科研院所等）组成。模型中的主要变量如下：

$\prod_i$ 表示创新链成员 i 利用投入知识开展利用性创新（或探索性创新）获得的效益。

μ_{x_1}、μ_{x_2}表示在知识资源配置过程中核心组织与节点组织之间开展知识螺旋后知识量变化系数。

p 表示产业技术创新后企业产品在市场的销售价格（是一个宽泛的概念）。

ρ_{x_1}、ρ_{x_2}表示节点组织开展探索性创新时获得的边际收益（也是核心组织购买每单位创新成果的价格）。

c_{x_1}、c_{x_2}表示节点组织开展探索性创新时，运作每单位投入知识所需要的成本。

λ_{x_1}、λ_{x_2}表示为市场需求对节点组织的创新敏感度，即每单位知识投入所扩大的市场需求量。

n_{x_1}、n_{x_2}表示节点组织开展探索性创新时投入的知识量，$n_{x_{01}}$、$n_{x_{02}}$表示核心组织分别投入的利用性创新知识量。

η 表示核心组织（或节点组织）的知识转移与转化能力系数（主要由知识生态位宽度和知识生态位重叠度影响，是知识螺旋能力的具体体现），其中 $\eta_{x_ix_j}$表示成员 i 从成员 j 进行知识转移、转化的比例。

N_{x_i}表示知识源 x_i 在不受其他知识源的影响下最大的知识投入量。

r_{x_i}表示知识源 x_i 在不受其他知识源影响下的平均知识增长率。

δ_{x_i}表示外部知识源对知识 x_i 增长速度的影响系数。

设定以下假设：

①根据产业技术创新的定义（吕薇，2013），考虑到产业技术创新中各组织的主体地位和分工差异，设定产业技术创新链上节点组织（如高校、科研院所等）在基础研究（如新理论、行业标准等）方面进行持续创新，该类研究成果将提升核心组织（如企业）的产品绩效，假定创

新之前原市场潜在规模为 σ，其中 $\sigma>0$。节点组织为壮大市场需求，分别投入知识量 n_{x_1}、n_{x_2} 开展探索性创新。结合一些学者的研究基础（Bhaskaran et al.，2009），设定创新后的市场需求为：

$$D(n_{x_1},\ n_{x_2},\ p)=\sigma+\lambda_1\mu_{x_1}n_{x_1}+\lambda_2\mu_{x_2}n_{x_2}-p \tag{4.11}$$

②基于一些学者研究基础（周宇等，2010），在产业技术创新过程中，核心组织与节点组织合作开发关系属于主从合作关系，核心组织与节点组织之间信息完成对称，双方可以观测对方行为。在创新过程中，核心组织首先承诺降低节点组织研发成本的比例为 k_{x_1}、k_{x_2}，节点组织投入的知识量为 n_{x_1}、n_{x_2}，知识投入过程中，由于知识螺旋，设定最终各组织获得的知识投入量为 $\mu_{x_1}n_{x_1}$、$\mu_{x_2}n_{x_2}$（根据知识具有无形性、累加特性等特征，设定 $\mu_{x_1}>1$，$\mu_{x_2}>1$）；设定探索性创新投入知识量 n_{x_1}、n_{x_2}的研发成本为 $c_{x_1}n_{x_1}^2$、$c_{x_2}n_{x_2}^2$，产业技术创新后，核心组织将以单位价格 ρ_{x_1}、ρ_{x_2}购买节点组织的创新成果，作为节点组织创新活动的边际收益。

③基于知识交互的生态性、增长的累积性等特征，以及前期研究成果，假定投入均衡时，知识投入量是该知识投入以及知识生态螺旋演化的共同结果，本节基于生态学中改进后的 Lotka – Volterra 模型描述知识增长演化过程：由于知识存量是某一阶段主体对知识资源的占有总量，是知识广度和深度的总括，具有时间性和空间性（Ben et al.，2005），设定知识增长总量具有一定阈值，对于核心组织投入知识 x_{01}，$\Delta n_{x_{01}}$ 表示其瞬时知识增长量，设定不受其他知识源影响下，该知识的瞬时增长速度表示为：$r_{x_{01}}=\Delta n_{x_{01}}/n_{x_{01}}$，定义 $n_{x_{01}}/N_{x_{01}}$ 为知识密度，用（$1-n_{x_{01}}/N_{x_{01}}$）表示随着自身知识积累对增长速度的影响因子，则知识增长速度修改为：$\Delta n_{x_{01}}/n_{x_{01}}=r_{x_{01}}(1-n_{x_{01}}/N_{x_{01}})$，当 $n_{x_{01}}=N_{x_{01}}$时，知识增长速度趋于 0。

④基于知识转化、知识位势等理论研究基础（Nonaka，1995），用 δ_{x_i}表示知识源 x_i 对知识 x_{01}增长速度的影响系数，这里用 $\eta_{x_{01}x_i}$表示知识 x_{01}从知识源 x_i 中进行知识转移、转化的系数（利用知识转移与转化实

现知识螺旋），假定 $\eta_{x_{01}x_i} \geq 0$。考虑知识螺旋不会减少原有知识，对 Lotka - Volterra 进行调整，具体修改为：通过知识螺旋，投入知识实现增量积累，对知识 x_{01} 总量增长的促进作用表示为 $\delta_{x_i} = \eta_{x_{01}x_i} \cdot n_{x_i}/N_{x_i}$；结合前期研究，此时知识 x_{01} 的增长速度可修改为：$\Delta n_{x_{01}}/n_{x_{01}} = r_{x_{01}}(1 - n_{x_{01}}/N_{x_{01}} + \delta_{x_i})$；同理可以分析其他知识源对投入知识的影响作用为 δ_{x_j}，则同时考虑各类知识源对知识 x_{01} 增长的影响，其增长速度修改为：$\Delta n_{x_{01}}/n_{x_{01}} = r_{x_{01}}(1 - n_{x_{01}}/N_{x_{01}} + \delta_{x_i} + \delta_{x_j})$。

（2）产业技术二元创新中的知识投入产出模型。

基于前面对产业技术双元创新协调模式的描述以及一些学者研究基础（Bhaskaran et al.，2019；周宇等，2010），借助供应链管理思想，结合假设①和假设②，在产业技术创新过程中，为激励节点组织开展创新投入，核心组织以降低节点组织研发成本的形式进行知识投入（其本质是开展利用性创新，将产业技术研发活动向前延伸），其中对于探索性创新降低的成本比例为 k_{x_1}、k_{x_2}，则核心组织与节点组织的利润 $\prod_c$、$\prod_{n_1}$、$\prod_{n_2}$ 分别表示为：

$$\prod_c(n_{x_1}, n_{x_2}, \rho_{x_1}, \rho_{x_2}, p) = D(n_{x_1}, n_{x_2}, p)(p - \rho_{x_1} - \rho_{x_2}) - k_{x_1}c_{x_1}n_{x_1}^2 - k_{x_2}c_{x_2}n_{x_2}^2 \quad (4.12)$$

$$\prod_{n_1}(n_{x_1}, n_{x_2}, \rho_{x_1}, \rho_n, p) = D(n_{x_1}, n_{x_2}, p)\rho_{x_1} - (1 - k_{x_1})c_{x_1}n_{x_1}^2 \quad (4.13)$$

$$\prod_{n_2}(n_{x_1}, n_{x_2}, \rho_{x_1}, \rho_n, p) = D(n_{x_1}, n_{x_2}, p)\rho_{x_2} - (1 - k_{x_2})c_{x_2}n_{x_2}^2 \quad (4.14)$$

①独立投入策略。

在不考虑核心组织向节点组织进行知识投入时（即探索性创新活动完全由节点组织完成），核心组织参与节点组织研发投入为零，即 $k_{x_1} = k_{x_2} = 0$，结合一些学者研究基础（周宇等，2010），此时：

核心组织最优市场价格的反应函数为：

$$p'(n_{x_1}, n_{x_2}) = (\sigma + \lambda_{x_1}\mu_{x_1}n_{x_1} + \lambda_{x_2}\mu_{x_2}n_{x_2} + \rho_{x_1} + \rho_{x_2})/2 \quad (4.15)$$

节点组织1最优边际收益率的反应函数为：

$$\rho'_{x_1}(n_{x_1}, n_{x_2}) = (\sigma + \lambda_{x_1}\mu_{x_1}n_{x_1} + \lambda_{x_2}\mu_{x_2}n_{x_2})/3 \quad (4.16)$$

节点组织2最优边际收益率的反应函数为：

$$\rho'_{x_2}(n_{x_1}, n_{x_2}) = (\sigma + \lambda_{x_2}\mu_{x_2}n_{x_2} + \lambda_{x_1}\mu_{x_1}n_{x_1})/3 \quad (4.17)$$

节点组织1最优知识投入量为：

$$n'_{x_1} = \sigma\lambda_{x_1}c_{x_2}/(18c_{x_1}c_{x_2} - \lambda^2_{x_1}c_{x_2} - \lambda^2_{x_2}c_{x_1}) \quad (4.18)$$

通过分析上述结果，不难发现：

其一，$\partial p'/\partial n_{x_1} > 0$，这表明核心组织产品最优市场价格 p' 随节点组织知识投入量 n_{x_i} 递增。即节点组织完成研发创新后，将有望提高核心组织产品的市场价格，而且核心组织产品的市场价格将随节点组织知识投入递增，即节点组织开展探索性创新，在一定程度了提高了知识投入，会增加核心组织的效益。研究还表明：$\partial\rho'_{x_1}/\partial n_{x_1} > 0$；$\partial\rho'_{x_2}/\partial n_{x_2} > 0$；由于节点组织的边际收益 ρ_{x_1}、ρ_{x_2} 由核心组织提供，如果核心组织购买价格小于最优边际收益率，则节点组织缺乏创新投入动力，进而损害核心组织的利益。

其二，$\partial n'_{x_1}/\partial\sigma > 0$，$\partial n'_{x_1}/\partial\lambda_{x_1} > 0$，$\partial n'_{x_1}/\partial\lambda_{x_2} > 0$，$\partial n'_{x_1}/c_{x_1} < 0$，$\partial n'_{x_2}/c_{x_2} < 0$，这表明节点组织的最优知识投入量 n_{x_1} 随产品原市场规模 σ、需求对创新的敏感度 λ_{x_1} 和 λ_{x_2} 递增，而随节点组织研发投资成本系数 c_{x_1} 和 c_{x_2} 递减。由此可知，通过适度提升市场敏感度或降低成本系数有望推动研发投入。

综上所述，核心组织对创新链上各组织的边际收益、成本系数等进行调控，是推动节点组织持续开展研发投入的关键。以下将进一步分析核心组织通过研发合作投入，推动产业技术创新的行为，讨论核心组织以成本分摊的方式激励节点组织加大创新的策略。

②合作投入策略。

在考虑核心组织向节点组织投入情况下（即核心组织开展利用性创新，降低节点组织的成本系数），此时核心组织研发成本分摊比例不为零，即 $k_{x_1} \neq 0$，$k_{x_2} \neq 0$，结合前面研究结论，此时：对式（4.21）、式（4.22）、式（4.23）采用逆向归纳法求解，求解核心组织和节点组织取得最大利润。结合前面研究思路，其市场价格、边际收益率、最大知识投入量分别为 p''、ρ''_{x_1}、n''_{x_1}。

核心组织最优市场价格的反应函数为：

$$p''(n_{x_1}, n_{x_2}) = (\sigma + \lambda_{x_1}\mu_{x_1}n_{x_1} + \lambda_{x_2}\mu_{x_2}n_{x_2} + \rho_{x_1} + \rho_{x_2})/2 \quad (4.19)$$

节点组织最优边际收益率的反应函数为：

$$\rho'_{x_1}(n_{x_1},\ n_{x_2}) = (\sigma + \lambda_{x_1}\mu_{x_1}n_{x_1} + \lambda_{x_2}\mu_{x_2}n_{x_2})/3 \quad (4.20)$$

节点组织最优知识投入量的反应函数为：

$$n''_{x_1}(k_1,\ k_2) = \sigma\lambda_{x_1}(1 - k_{x_2})c_{x_2}/\tau \quad (4.21)$$

其中：$\tau = 18(1 - k_{x_1})(1 - k_{x_2})c_{x_1}c_{x_2} - \lambda_{x_1}^2(1 - k_{x_2})c_{x_2} - \lambda_{x_2}^2(1 - k_{x_1})c_{x_1}$

核心组织最优研发成本分摊比例为

$$k''_i = (\lambda_i^2 c_{x_2} + \lambda_j^2 c_{x_1})/36c_{x_1}c_{x_2} \quad (4.22)$$

由此可见，在产业技术创新活动中，核心组织（如企业）是整个技术创新链的核心，该组织可以将创新活动向前延伸，调节节点组织的研发成本和研发投入，推动产业技术创新中的知识投入达到新均衡。

③对两种均衡结果的讨论。

基于前面分析可知：

第一，研究表明：通过研发合作投入，在新均衡时，合作投入策略下的知识投入量 $n''_{x_1} > n'_{x_1}$。这表明：合作投入策略下节点组织的最优知识投入量 n_{x_1} 增大了，即当核心组织以比例 k_{x_1} 向节点组织投入知识，开展利用性创新降低节点组织的研发成本时，其本质是通过核心组织的知识投入，将节点组织的研发成本系数由 c_{x_1} 降低为 $(1 - k_{x_1})c_{x_1}$。

第二，研究还表明，在新均衡时，$p'' > p'$，$\rho''_{x_1} > \rho'_{x_1}$；这表明核心组织降低节点组织一定比例的研发成本之后，核心组织产品的市场价格以及节点组织的创新成果价格都提高了。基于前面假设，节点组织创新成果价格即代表其边际利润，故而在合作投入策略下，核心组织和节点组织的边际利润都提高了。研究还表明，节点组织知识投入量随研发成本系数递减，故而核心组织通过帮助节点组织降低研发成本，能够有效激励节点组织加大研发投入。

另外，产业技术创新过程中，核心组织向节点组织进行必要的投入（包括隐性知识和显性知识）以降低节点组织的研发成本，两类主体投入的不同知识间将进行知识交互、消化、吸收，促进知识在组织间转移、内化，有利于增加知识量（即 $\mu>1$）；节点组织投入知识量 N_{x_1}、知识转移与转化能力系数 $\eta_{x_ix_j}$ 等影响因素将对此类知识螺旋产生重要影响，且知识螺旋过程表现出很强的生态性。基于此，为有效提高知识投入及配置效率，有必要从生态学角度，分析三类知识螺旋（即核心组织知识投入、节点组织利用性创新知识投入、节点组织探索性创新知识投入）的生态关系及演化机理，剖析核心组织对知识生态系统构建与演化的调节作用，以此对知识资源的跨组织配置进行深入研究。

（3）基于 Lotka – Volterra 的知识生态螺旋关系模型。

①知识生态螺旋关系模型构建。

结合前面设定，该模型中包括知识源 x_{01}（核心组织向节点组织 1 投入部分）、x_{02}（核心组织向节点组织 2 投入部分）、x_1（节点组织 1 投入部分），各类知识螺旋行为发生于整个知识投入过程，各知识源通过知识螺旋以拓展自身知识存量，此时各类知识的增长模型如式（4. 23）所示：

$$\begin{cases}\dfrac{\Delta n_{x_1}}{n_{x_1}}=r_{x_1}\cdot\left(1-\dfrac{n_{x_1}}{N_{x_1}}+\eta_{x_1x_{01}}\dfrac{n_{x_{01}}}{N_{x_{01}}}\right)\\ \dfrac{\Delta n_{x_{01}}}{n_{x_{01}}}=r_{x_{01}}\cdot\left(1-\dfrac{n_{x_{01}}}{N_{x_{01}}}+\eta_{x_{01}x_1}\dfrac{n_{x_1}}{N_{x_1}}+\eta_{x_{01}x_{02}}\dfrac{n_{x_{02}}}{N_{x_{02}}}\right)\\ \dfrac{\Delta n_{x_{02}}}{n_{x_{02}}}=r_{x_{02}}\cdot\left(1-\dfrac{n_{x_{02}}}{N_{x_{02}}}+\eta_{x_{02}x_{01}}\dfrac{n_{x_{01}}}{N_{x_{01}}}\right)\end{cases}\tag{4. 23}$$

式（4. 23）反映了在产业技术创新的知识投入时，各知识源在相互影响下的知识增长过程。可以将式（4. 23）分解为核心组织投入知识分别与节点组织 1 和节点组织 2 的知识螺旋，另外，由于式（4. 23）中各类知识量的净增长速度 $r_{x_{01}}\neq0$、$r_{x_1}\neq0$ 且 $r_{x_2}\neq0$，则当核心组织与节点组织 1 投入知识进行交互达到均衡后，得到由 n_{x_1} 和 $n_{x_{01}}$ 组成的二元一次方程组(4.24)（同理可以分析核心组织与节点组织 2 投入知识间的交互关系）：

$$\begin{cases} \omega_1(n_{x_{01}},\ n_{x_1}) = 1 - \dfrac{n_{x_{01}}}{N_{x_{01}}} + \eta_{x_{01}x_1}\dfrac{n_{x_1}}{N_{x_1}} = 0 \\ \psi_1(n_{x_{01}},\ n_{x_1}) = 1 - \dfrac{n_{x_1}}{N_{x_1}} + \eta_{x_1x_{01}}\dfrac{n_{x_{01}}}{N_{x_{01}}} = 0 \end{cases} \tag{4.24}$$

为了确定式（4.24）中知识转移与转化能力系数 η，结合一些学者研究基础（张鹏等，2016），由知识生态位宽度和知识生态位重叠度确定，以下分析其确定过程。

②知识转移与转化能力系数的确定。

结合前面研究基础（彭巍等，2015），在生态学 Levins 模型的基础上，本节定义知识生态位宽度的计算方法如式（4.25）所示：

$$B = \frac{1}{\sum_{j=1}^{n} p_{ij}^2} \tag{4.25}$$

式（4.25）中，B 是 Simpson 指数的倒数，是利用 Levins 公式表示的知识生态位宽度；p_{ij}为知识主体 i 使用知识资源 j 的个体数比例，或知识资源谱中资源种类 j 的比例，$j=1$，2，…，n；$\sum^{n} p_{ij} = 1$，n 为知识生态系统中资源总个体数，$1 \leqslant B \leqslant n$。当 $p_{ij} = 1/n$，即知识主体使用其他资源状态的个体数比例或每种资源的使用量占总体资源的比例相等时，B 的取值达到最大值 n，表明知识主体对外部资源利用最泛化；而当知识主体中仅仅利用一种外部知识资源时，B 的取值达到最小，此时 $B=1$，表明知识主体对外部资源利用专一化最强。

同理，结合最常用的生态位重叠度计算公式 Levins 公式，刻画知识重叠度，如式（4.26）所示：

$$O_{i,j} = \sum_{h=1}^{n} (p_{i,h} - p_{j,h})^2 \tag{4.26}$$

式（4.26）中，i，j 分别代表两个知识主体；h 代表生态位所使用的知识资源种类；p 代表所用该知识资源的比例；$O_{i,j}$代表知识主体 i 所使用的知识资源 i 之比例减去知识主体 j 所使用的知识资源 h 之比例的平方和，即生态位重叠度。则 $0 \leqslant O_{i,j} \leqslant 1$，如果 $O_{i,j}$越小，表明知识主体 i 与知识主体 j 之间的竞争越是激烈，特别地，当 $O_{i,j}=0$ 时，两个知识主体之间的竞争达到最激烈状态；当 $O_{i,j}=1$ 时，两个知识种群之间完全没有竞争，处于“共栖”状态。

在由各种投入知识组成的知识生态系统中，当各类知识处于完全联通时，由于竞合对个体的影响与其实力有关，强者受影响小而弱者受影响大。结合一些学者研究基础，假设知识转移与转化能力系数 $\eta_{x_{01}x_1}$、$\eta_{x_1x_{01}}$ 与前面分析的生态位宽度、生态位重叠度成正比，则

$$\eta_{x_ix_j} = B_i \cdot Q_{ij} \tag{4.27}$$

式（4.27）反映出不同知识源在知识螺旋过程中，不同知识结构对其他知识增长的影响（即竞争与互补关系）。不难发现 $\eta_{x_ix_j} \in [0,\ \infty]$，该式对于多主体影响下的知识增长具有积极的意义：通过分析不同知识源影响下的个体知识增长状态，可以揭示知识生态系统中知识交互及螺旋状态，具体表现为：对于由 $n(n \geqslant 2)$ 个体组成的知识生态系统，知识生态系统中各知识主体在交互过程中，不断从其他知识源中吸取、转移、内化各种显性与隐性知识（即知识生态位宽度较大、知识重叠度较小），并逐步形成多个平衡点，表现为在知识向量空间上从一个平衡点向另一个平衡点的转移。通过对式（4.24）、式（4.27）的分析，可以找出系统的稳定点和演化的影响因素，从而为知识螺旋提供指导。

③对知识螺旋及其均衡的讨论。

式（4.24）反映出两类知识螺旋演化过程（考虑到篇幅，本节仅分析一次螺旋过程），求解式（4.24），根据前面分析，可知 $\eta_{x_{01}x_1} \geqslant 0$，$\eta_{x_1x_{01}} \geqslant 0$ 可得两类知识螺旋演化形成的稳定点（如图 4－7 所示）：$A_2(N_{x_{01}},\ 0)$，$A_3(0,\ N_{x_1})$，$A_4\{[N_{x_{01}}(1+\eta_{x_{01}x_1})]/(1-\eta_{x_{01}x_1}\eta_{x_1x_{01}})$，$[N_{x_1}(1+\eta_{x_1x_{01}})/(1-\eta_{x_{01}x_1}\eta_{x_1x_{01}})]\}$。

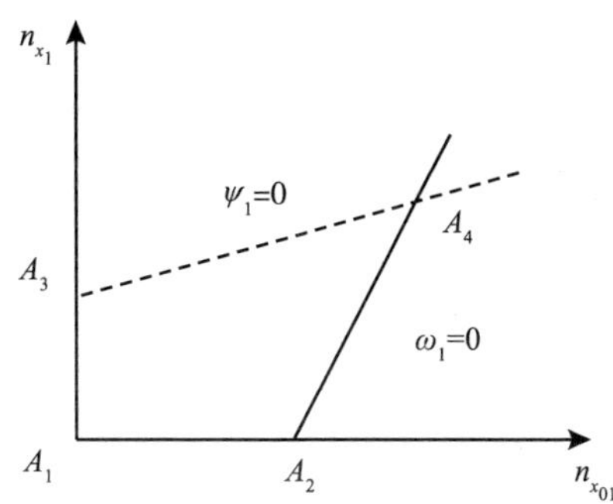

图4-7　知识生态链组织间知识螺旋演化趋势

结合图4-7，对由直线 $\omega_1=0$ 与 $\psi_1=0$ 构成的知识螺旋演化路径进行分析，讨论知识转移与转化能力系数、最大知识存量等因素对知识增长及稳定态的影响。

第一，结合前期研究基础，可知当 $\eta_{x_{01}x_1}>0$，$\eta_{x_1x_{01}}>0$，且 $\eta_{x_{01}x_1}\eta_{x_1x_{01}}<1$ 时，两类知识螺旋后，直线 $\psi_1(n_{x_{01}},\ n_{x_1})=0$ 上的点与 $\omega_1(n_{x_{01}},\ n_{x_1})=0$ 上的点各自沿稳定条件演化，在 A_4 点达到稳定态。这表明知识生态链成员之间通过相互促进，推动知识螺旋（即如果 $\eta_{x_{01}x_1}$ 越大，投入知识 x_{01} 对知识 x_1 的增长影响较大；同理可以分析 $\eta_{x_1x_{01}}$ 的情况），若两者均较大，则投入的两类知识容易形成再生与互生的生态关系，进行有效的知识螺旋，由此形成稳定的知识生态链。从知识螺旋角度来看，$\eta_{x_{01}x_1}$，$\eta_{x_1x_{01}}$ 反映出不同知识间生态位宽度、生态位重叠度对知识螺旋的影响程度（即各种知识源不同结构影响下知识螺旋），其取值大小是不同知识源形成知识螺旋并向高效率演化的重要条件。

第二，稳定点的值 $[N_{x_{01}}(1+\eta_{x_{01}x_1})]/(1-\eta_{x_{01}x_1}\eta_{x_1x_{01}})$ 也表明两者取得均衡值与单个知识源的投入量密切有关，如果其最大投入量 $N_{x_{01}}$ 越大，稳定状态时的知识存量将越大；反之，则会影响稳定时的知识存量。其表示的实际意义可以理解为，如果在产业技术创新过程中，单个知识投入量不足（即 $N_{x_{01}}$，N_{x_1} 较小时），有必要从生态系统中的其他知识主体广泛吸收相关知识，增加知识生态链演化的动力，推动整个知识链和技术创新的快速发展。

综上所述，各主体的知识最大投入量、知识转移与转化能力系数等因素对于推动知识转移具有重要的影响，是知识链形成与演化的重要条件：当知识生态链中不同知识源生态位宽度、知识重叠度、最大知识存量等因素对称且合理时，将形成相互依存的再生、互生关系，构建高效的知识生态链，促进知识螺旋增长；反之，如果上述因素相互影响较小或不对称，知识螺旋缺乏有效动力，容易造成知识生态链扭曲，导致知识生态链不稳定，甚至中断。

基于此，当产业技术创新主体中的知识源增加或知识转移与转化能力增强时（如式（4.23）所示），图4－7将演化为图4－8。

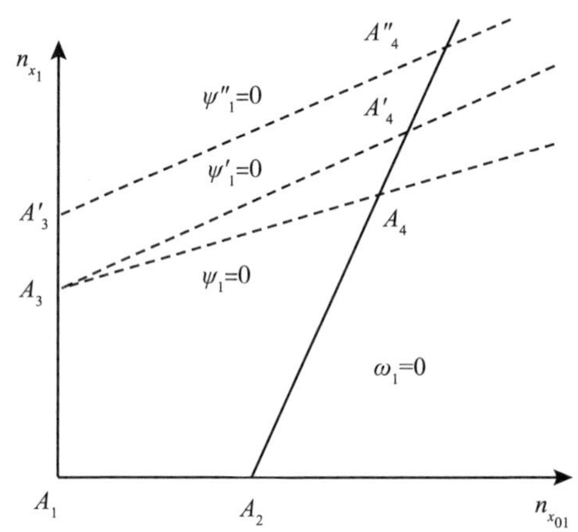

图4－8　知识生态链组织间知识螺旋演化趋势

图4－8中的 $\psi'_1=0$ 代表对知识生态位宽度和知识生态位重叠度系数进行调节后，取得的新均衡；$\psi''_1=0$ 表示在更多知识源影响下的取得的新均衡，不难发现在 A''_4、A'_4 均取得较大均衡。

上述模型分析及结论可解释为：在产业技术创新过程中，通过构建多知识源交互的知识生态系统，从不同的创新知识源中进行知识螺旋，有利于加速新技术、新知识的产生，使新技术、新知识的供给量快速增加；产业技术创新中的知识生态链成员间构建再生与互生的生态关系（即调节知识生态位宽度和知识生态位重叠度），构建链式结构（甚至网状结构），知识生态链成员在多点吸收、转移、转化各类知识，有望推动知识生态链成员及整个知识生态链知识存量的增加，有利于弥补单个组织知识投入不足，形成持续演进的知识生态系统，增加知识供给。

4.2.4 数值算例与分析

为了全面、清晰地反映创新过程中的知识投入均衡状态及三类知识演化过程，本节根据前面研究假设条件，以产业技术创新中探索性创新投入 n_{x_1}、n_{x_2}为对象，分别对市场潜在规模系数 σ、市场需求对节点组织的创新敏感度 λ_{x_1}与 λ_{x_2}、节点成员获得的边际收益 ρ_{x_1}与 ρ_{x_2}、运作每单位知识所需要的成本 c_{x_1}与 c_{x_2}等进行赋值，计算两种投入均衡时的知识投入量，对知识资源的投入产出效用进行讨论，见表 4－2。

表 4－2　两种机制下的知识投入产出数值模拟结果

序号	参数								补贴率		知识投入量					收益率			
	σ	λ_{x_1}	λ_{x_2}	μ	ρ_{x_1}	ρ_{x_2}	c_{x_1}	c_{x_2}	k_{x_1}	k_{x_2}	n_{x_1}	n_{x_2}	n'_{x_1}	n'_{x_2}	p	D	$\prod_{n_1}$	$\prod_{n_2}$	$\prod_c$
1a	400	4	2	2	421	421	3	1	0	0	62	92	0	0	1051	210	111137	79895	44208
2a	400	4	2	2	756	756	3	1	0. 26	0. 26	0	0	133	200	1889	378	245926	255802	118519

表 4－2 中 1a 表示仅有节点组织开展探索性创新的过程，2a 表示同时开展了利用性创新和探索性创新的过程，根据前面计算公式分别计算两类投入策略下取得均衡投入量 n_{x_1}、n_{x_2}以及获得的不同收益，可知：

其一，对比分析 1a 和 2a 中的最终知识投入量，不难发现：$n'_{x_1} > n_{x_1}$，与独立投入相比，合作投入可以增加产业技术创新中的知识投入量；同时随着知识投入量的增加，企业产品的销售价格 p、市场需求 D 等参数值也会上升，上述数值算例验证了 4. 2. 3 的分析过程及结果。

其二，对比分析 1a 与 2a，不难发现：随着核心组织降低节点组织研发比例 k_{x_1}、k_{x_2}的增加（即核心组织增加利用性创新投入），产业技术创新成员中的各成员收益 $\prod_{n_1}$、$\prod_{n_2}$、$\prod_{c}$ 均得到提升，这表明通过核心组织分担节点组织的研发投入，促进了整个产业技术创新成员收益的增加，由此验证了 4.2.3 的分析结果。

为进一步验证核心组织对知识生态螺旋的调节作用，本节采用 Matlab R2013 模拟分析由核心组织投入知识（包括利用性创新与探索性创新部分）、节点组织投入知识构成的知识生态链及其演化过程。

经计算，知识链中核心组织向节点组织投入知识量 $N_{x_{01}}=68$（即核心组织相当于投入 $\sqrt{k_{x_1}.\,n_{x_1}}$）、节点组织 1 投入知识量为 $N_{x_1}=133$，核心组织向节点组织投入知识量 $N_{x_{02}}=102$，投入知识 $n_{x_{01}}$、n_{x_1} 知识增长速度分别为 $r_{x_{01}}=0.3$，$r_{x_1}=0.1$，核心组织向节点组织 2 投入知识增长速度 $r_{x_{02}}=0.4$，三类知识初始状态值分别设定为：$n_{x_{01}}=10$，$n_{x_1}=5$，$n_{x_{02}}=8$。结合前面研究过程，分别对知识生态位宽度、知识生态位重叠度系数进行赋值，求解知识转移与转化能力系数 $\eta_{x_{01}x_1}$，$\eta_{x_1x_{01}}$，$\eta_{x_{01}x_{02}}$，$\eta_{x_{02}x_{01}}$（考虑到篇幅，此处暂未列出各知识生态位宽度和重叠度值，仅列出知识转移与转化能力系数的终值，见图 4－9），对演化过程及均衡值进行对比分析：

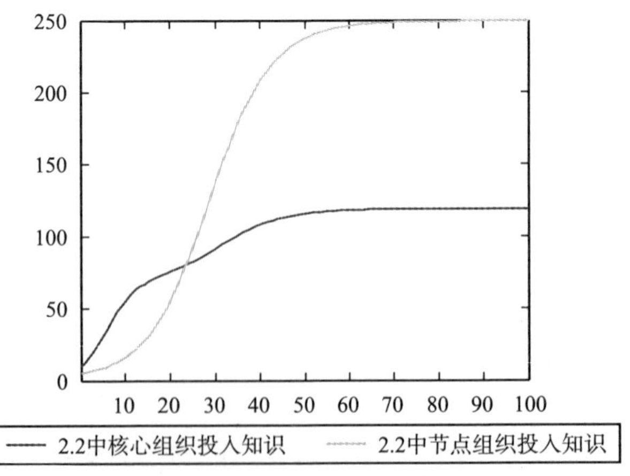

图 4－9（a） 两类知识螺旋的演化模拟（$\eta_{x_{01}x_1}=0.4$，$\eta_{x_1x_{01}}=0.5$）

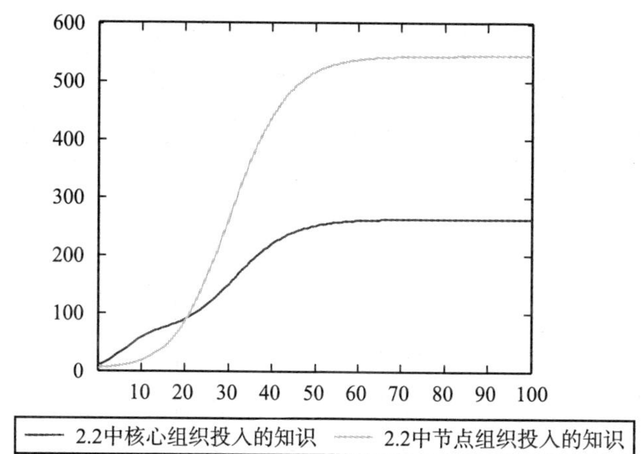

图4－9（b） 知识转移与转化能力系数对知识螺旋的演化模拟（$\eta_{x_{01}x_1}=0.7$，$\eta_{x_1x_{01}}=0.8$）

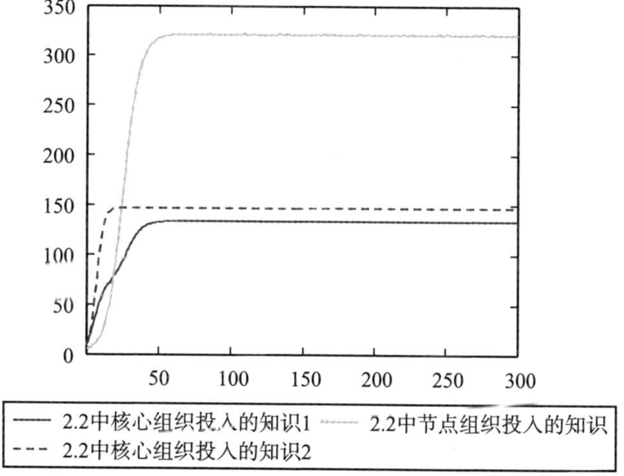

图4－9（c） 三类知识螺旋演化模拟（$\eta_{x_{01}x_1}=0.4$，$\eta_{x_1x_{01}}=0.5$；$\eta_{x_{01}x_{02}}=0.3$，$\eta_{x_{02}x_{01}}=0.4$）

图4－9（a）、（b）、（c）分别反映了不同知识生态位宽度、知识生态位重叠度等系数影响下的知识链成员知识量增长过程，仿真表明：知识转移与转化能力系数 η 对知识增长速度及其均衡状态呈正反馈关系

（最大投入量不会影响增长速度，但会影响均衡值），因此，通过调整投入知识的生态位宽度和生态位重叠度系数（即考虑产业技术创新中探索性创新的知识结构特点，调整利用性创新知识投入），协调知识转移与转化能力系数，知识存量增长将呈现出不同的增长趋势和均衡状态；图4－9（a）中知识链成员知识投入均衡值 $n_{x_{01}}^{*}=39$，$n_{x_1}^{*}=71$，不难发现：通过调整投入知识的生态位宽度和生态位重叠度系数，协调知识转移与转化能力系数 η，新均衡下的知识投入 $n_{x_{01}}^{**}<n_{x_{01}}^{*}$。仿真结果还表明：当知识链组织知识转移与转化能力系数较小时（$\eta\to 0$），知识螺旋将形成低效率均衡，会导致知识生态链扭曲甚至中断；另外，通过扩大知识源，并广泛吸收知识（如图4－9（c）所示），提升知识增长动力，有利于促进知识生态链知识存量的增加（即演化均衡时的知识存量 $N_{x_{01}}^{*}$、$N_{x_1}^{*}$、$N_{x_{02}}^{*}$的增加），由此验证了4.2.3的推演结果。

综上所述，上述算例验证了产业技术创新中成员独立投入和合作投入策略，为知识资源的跨组织配置提供了理论启示，同时也验证了知识生态位宽度、知识生态位重叠度以及知识存量对由各类知识投入构建的再生与互生关系及演化的影响机理。

4.2.5 研究结论与启示

（1）研究结论。

开展知识投入实施利用性与探索性创新是产业技术创新呈现的新特征，本节设计基于知识生态螺旋的产业技术创新协调模式，开展定性与数值算例分析，剖析知识投入及知识螺旋对创新利润的影响，可以得到如下结论：

①本节将产业技术创新中的知识投入分为利用性与探索性创新投入，基于供应链理论、知识管理、生态位等理论，设计的基于知识生态螺旋的产业技术双元创新协调研究，揭示了产业技术双元创新中知识生

态螺旋机理，拓展了双元创新研究的视角，使对双元创新进入更深层次的认识。

②针对产业技术创新中知识螺旋的生态演化特点，构建双元创新的知识投入协调模型和基于改进 Lotka – Volterra 模型构建知识生态螺旋模型，将传统知识投入产出利润模型与 Lotka – Volterra 模型进行融合，拓展了传统知识投入产出利润模型函数建模方法。

③基于产业技术创新中知识投入及知识生态螺旋机理，通过构建相互依存的再生、互生关系，可以有效促进创新主体间知识螺旋和内化，降低单个成员创新投入量，为提高知识投入效率提供理论支持。

（2）管理启示。

本节的研究过程与结论对于提高知识投入效率以及推动产业技术创新利润具有一定的启示作用，具体表现为：

①本节对比分析了独立投入和合作投入下的成员收益，发现企业采用合作投入策略有利于扩大市场份额，降低高校、科研院所等探索性创新研发成本。因此，相比于发达国家，我国“后发”战略性新兴产业集群中要迅速突破产业技术创新，就要充分发挥市场在创新要素配置中的关键作用，释放企业在跨组织资源配置中的调节价值。

②考虑到产业技术创新中投入知识具有一定的产业导向性，作为核心组织的企业要利用市场手段，发挥自身在知识投入及分配中的主导作用，将产业技术创新活动向前延伸，发挥好自身投入对各成员投入的撬动作用，以此优化提高知识投入效率。

③产业技术创新主体的知识转移与转化能力是实现知识螺旋和构建知识生态系统的关键。因此，产业技术创新各主体在知识投入时，要调整自身知识生态位宽度、知识生态位重叠度，提升知识转移与转化能力，促进知识在创新主体间有序转移、流动和转化，推动知识螺旋的高效率均衡，实现“多源、融合、协调”发展。

4.2.6 本节小结

开展知识投入实施利用性与探索性创新是产业技术创新呈现的新特征。本节融合供应链、知识管理、知识生态学等理论设计了基于知识生态螺旋的产业技术双元创新协调模式，构建面向双元创新的知识投入产出模型和基于改进 Lotka – Volterra 模型构建知识生态螺旋模型，结合定性与数值算例分析了不同知识投入均衡和知识生态螺旋演化均衡，揭示了核心组织在双元创新中双层调节机理。研究表明：通过合作投入和知识生态螺旋，企业向创新链延伸研发投入，促进利用性与探索性创新知识投入，并通过调节知识投入量、知识生态位宽度、知识生态位重叠度等系数，建立相互依存的知识生态螺旋关系，在技术创新链和知识生态链上进行双层协调，有利于推动知识投入、流动和生态螺旋，实现产业技术创新的“多源、融合、协调”发展。

本节建立双元创新的知识投入协调模型和基于 Lotka – Volterra 模型构建知识生态螺旋关系模型，下一步如何结合具体的产业技术创新行为，细化创新主体及交互关系，从生态位调节角度分析战略性新兴产业集群形成和演化规律，将是深入研究的重点。

4.3 基于知识生态耦合的产业技术创新双调节研究

4.3.1 模式的提出

作为战略性新兴产业集群发展的重要行为，产业技术创新还可以解释为：创新的相关利益者以契约关系为基础，以获取产业核心技术的自主知识产权（或技术标准）为主要任务，注重合作主体间建立长期稳定的合作关系，具有拓展规模经济、分担研发成本、降低创新风险等特征（芦彩梅等，2009；李煜华等，2015 顾新，2016）。由此可见，产业技术创新反映出一种注重发挥各主体优势，体现出创新主体之间知识流动关系（赵炎等，2016；王发明等，2016）。

随着新一轮产业革命和全球产业竞争范式的改变，知识已成为企业获得持续竞争优势的根本来源和产业发展的关键性、战略性资源（Nonaka，1995；林筠等，2016），知识的价值在于各主体中的各类知识进行有效流动，而从外部流入企业知识系统中的知识资源已成为企业技术能力提升的关键（Dierickx et al.，1989）。由此可见，通过知识流动实现跨组织的知识资源配置已成为推动产业技术创新最重要的运作方式之一。从产业技术创新、知识管理等角度来看，不同于组织间资金、技术等传统的有形资源流动，产业技术创新中的知识投入、知识流动等活动呈现出以下新特点：第一，创新活动链条化。产业技术创新目标是解决产业发展的重大技术需求（如关键及共性技术），强调创新主体间开展优势互补、利益共享，创新过程注重发挥各主体知识模块的专业化价值，通过协调各主体知识存量以及主体间的流量，实现创新活动链条化。第二，知识交互模块化。为推动产业技术创新，解决企业（称为核心组织）中知识资源投入不足的问题，降低研发风险，高校和科研院所等（称为节点组织）发挥创新源头作用，通过提供知识模块（余东华等，2007），利用知识流动推动创新，对整个创新中的知识流动起重要的支撑作用。第三，知识模块耦合化。在各种知识资源投入、流动过程中，不同组织之间的专有化知识模块（如稀缺的、重要的部分）、非专有化知识模块（如共性的、通用的部分）等各类知识将通过生态交互，形成知识生态链，发挥协同优势（胡园园等，2015），提升知识供给的质与量；然而，受不同主体知识投入策略，以及不同主体知识模块、耦合能力等影响，知识投入及知识模块耦合容易形成低效率均衡，难于发挥链条中的知识流动价值。因此，通过剖析产业技术创新中知识流动关系及知识耦合机理，探索跨组织的知识流动对技术创新的价值，就成为产业技术创新中一个具有广泛理论探索和应用实践意义的问题。

产业技术创新是对传统组织合作创新的延伸，国内外学者对组织合作创新中的知识模块、知识耦合、委托代理等相关内容进行了持续研究。在知识模块及耦合方面：西莫宁（Simonin，1999）指出知识主要体现出内隐性、复杂性、专用性、不确定性和模糊性等特征。而模块化是管理复杂事物的一整套规则，可以将复杂的系统分为独立的部分，各部分可通过标准界面在结构内部交流（Langlois，2002）。知识模块融合指将来自模块内部和外部的知识、显性和隐性的知识、不同门类的知识，按结构和类型划分，依照优势互补的原则寻找相互匹配的知识进行融合，这既是对旧知识体系的归纳和整理，对原有知识库的进一步扩充，也是通过知识融合使组织的知识结构变得更加完善，体现出知识的扩散效应和协同效应（曹霞等，2012）。知识模块之间依靠界面规则联系，半自律的特性使得模块供应商之间的竞争是“背靠背”的，模块间共享的知识是显性化的，以界面知识、规则知识为主。显性知识意味着不稀缺，有价值但不稀缺的知识只能帮助模块提升短期绩效，有价值且稀缺的知识才能够提高模块的长期绩效（李浩，2012）。而知识节点是知识流动的关键枢纽，其耦合度是知识节点相互依赖的程度，直接影响知识流动的范围（党兴华等，2010）。由此可见：知识耦合为跨组织间的知识流动提供一种新思路，而组织间的不同类别知识流动、知识耦合对于知识价值增值具有积极意义。同时，基于产业技术创新定义（吕薇，2013），不难发现：产业技术创新强调各主体的专业化分工与协作，反映出核心组织与节点组织之间的一种委托代理关系。因此，产业技术创新过程中的知识投入决策、流动过程可以映射为各相关利益主体知识模块、耦合等方面的过程，其价值增值过程可以采用委托—代理模型进行描述。在合作创新的委托代理方面：罗等（Luo et al.，2014）从供应链视角出发，指出团队激励要与知识共享的目标一致性相结合才能更好地发挥功效，激励的大小程度要依据知识共享的程度相一致。郑永彪等（2013）借助委托—代理动态激励模型，分别构建了在道德风险以及逆向选择与道德风险共存等两种情况下最优激励合约。黄波等（2015）分析了企业技术外包活动中技术需求企业与创新提供商之间的委托代理问题，探究了创新提供商不同风险厌恶程度下的最优合同。

分析现有成果不难发现：一方面，现有针对不同组织间合作创新及知识模块耦合的研究较多将知识作为整体变量，少见结合产业技术创新中呈现出知识模块化、耦合化等知识流动链式发展新特点，剖析节点组织对跨组织知识资源配置的调节功能；另一方面，现有研究较多从博弈论、实证研究等方法开展，少见融合委托—代理、生态学等理论将技术创新过程中知识流动、技术创新链等纳入一个整体，并对知识生态耦合关系、技术创新开展融合研究。

但是，基于前面对产业技术创新中的知识投入、知识流动等特征分析，不难发现：该类知识流动呈现出创新活动链条化、知识交互模块化、知识模块耦合化等新特点，在产业技术创新中，创新主体将通过知识模块生态耦合形成技术创新链，链条中的节点组织将在知识流动和技术创新方面发挥重要的调节作用，对知识投入决策和流动进行双重调控；而节点组织采用的不同策略，将造成知识投入和流动的不确定性，甚至形成低效率均衡，进而影响产业技术创新效用，而现有研究尚未结合上述新特征充分发挥节点组织在知识投入和知识模块生态耦合中的双重调节作用，推动知识的有效流动，充分释放知识的跨组织配置价值，这方面的研究还存在"缺口"，有必要对其展开深入剖析。基于以上分析，本节通过分析知识模块生态耦合关系与技术创新价值，探寻与揭示产业技术创新中知识委托代理及生态耦合机理，有望提高跨组织的知识流动效率，进而为设计产业技术创新中的知识资源调节机制提供理论参考。

4.3.2　基于知识生态耦合的产业技术创新双模式设计

基于产业技术创新定义（吕薇，2013），其成员属于合作与独立的非完全共同利益主体，核心组织为弥补投入的不足、降低风险，委托节点组织开展知识投入，节点组织投入知识并转移给核心组织，投入的知识模块与存量知识模块将产生耦合作用，进而完善产业技术创新投入（如图4-10所示）。

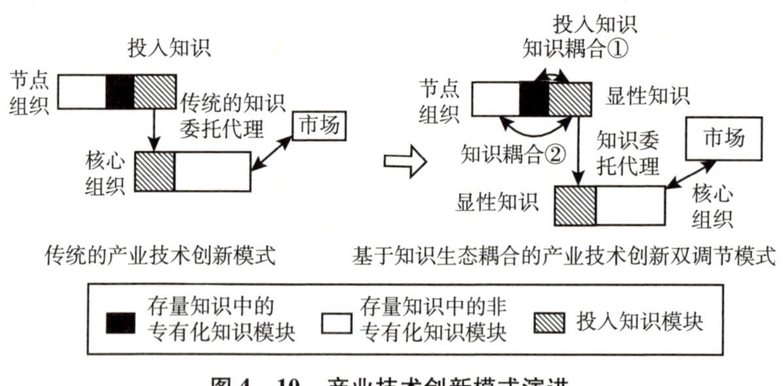

图4-10 产业技术创新模式演进

为充分发挥节点组织在产业技术创新中的创新源头作用，提升产业技术创新的活力和动力，加速创新驱动发展，本节基于传统的产业技术创新模式，构建基于知识生态耦合的产业技术创新双调节模式（如图4-10所示）：第一，基于知识流动等理论（Nonaka，1995；林筠等，2016），产业技术创新中知识将在不同主体内和主体间流动，本节设定技术创新链中不同类型的知识将发生两层流动：一是在知识投入过程中，节点组织投入面向产业技术创新的知识（属于显性知识），具有一定的准公共性，该类知识投入后通过主体间知识流动，转移给核心组织，其中节点组织投入策略包括低投入和高投入；二是基于知识资源属性特征及分类规则，将节点组织存量知识划分为专有化知识模块（如组织获得竞争优势部分，可以包括显性知识和隐性知识）和非专有知识模块（如通用的、共性的等），节点组织投入知识与两模块之间通过交互，进行知识耦合，推动知识在单个主体内的不同模块间进行流动，形成协同倍增效应（如图4-10中①、②所示）。第二，基于知识链（胡园园等，2015）、知识生态学（顾新等，2016）等理论研究基础，本节设定产业技术创新中各知识模块处于不同的知识生态位，节点组织投入知识作为重要调节模块，与节点组织存量知识中的专有知识模块、非专有知识模块之间等构建生态交互关系，形成知识生态链，根据知识所处的生态位“态”“势”，将进行有序流动（如知识的转移、转化等）。第三，基于委托—代理理论和前期研究结果，节点组织投入知识进行双重调节，即产业技术创新过程中的知识资源配置均衡是知识投入均衡和知识生态耦合的共同作用，节点组织起着双重调节角色，通过调节知识投入决策和知识耦合关系，推动知识生态链与技术创新的协调发展。

4.3.3　产业技术创新中知识投入委托代理模型

（1）理论基础、变量及假设。

根据前面对产业技术创新双调节模式的描述和分析，为简化讨论，设定该技术创新链（如图 4－10 所示）由一个核心组织（如链条中的核心企业）和一个节点组织（如链条中的高校、科研院所等）组成。模型中的主要变量如下：

π_c 和 π_i 分别表示核心组织 c 和节点组织 i 通过知识投入以及知识流动获得的收益。

x_i 表示节点组织 i 投入知识量。

b_i 表示节点组织 i 在整个知识投入及流动过程中获得收益的分配系数。

a_{ij}表示知识模块 j 对 i 的知识耦合能力系数（即通过知识耦合，推动知识存量的增加），其中 a_{ii}表示知识模块 i 由于知识增长对自身的影响（如抑制或促进）。

r_{x_i}表示不受其他知识模块影响下知识模块 x_i 的纯增长速度，r'_{x_i}表示受外界环境影响下知识模块 x_i 的增长速度。

基于前面模式描述，设定以下假设：

①该模式中的节点组织可以采取低投入和高投入两种策略。采取低投入策略时，节点组织向核心组织提供知识 x_j（此类知识为显性知识，可以在不同组织间进行流动），结合一些学者研究基础，核心组织有 n 个合作伙伴，则所有节点组织提供知识后产生的收益总量为：$V = \partial + \sum^{n} x_j p$，其中 ∂ 表示核心组织未获得节点组织投入下的收益（即依靠自身努力获得的收益），是一个常数；p 表示节点组织向核心组织提供的显性知识价值系数，$x_j p$ 表示核心组织利用节点知识获得的收益；节点组织采取高投入策略时，由于需要增加投入和承担更大的风险，将获得核心组织补贴，假定在高投入过程中，节点组织提供每单位知识将从核心组织获得 m 个价值系数的补贴，则当节点组织向核心组织提供 x_i 条显性知识时，获得的补贴为 mx_i，并设定节点组织向核心组织提供显性知识的保留收益系数为 R_i。

②根据产业技术创新的定义（吕薇，2013），设定随着产业技术创新的推进，核心组织与节点组织协商知识投入产生的价值分配，设定 b_i 为节点组织 i 获得收益的分配系数，用 $b_i(\partial + \sum^{n} x_j p)$ 表示节点组织获得的分配收益；节点组织 i 向核心组织提供的显性知识越多，则产生的创新成本越大，设定节点组织的成本函数为 $C = rx_i^2/2$。

③由于知识存量是某一阶段主体对知识资源占有总量的统称（包括广度和深度），具有时间性和空间性（Ben et al.，2016），在时空上表现为过去的投入促进了现阶段知识的增量累积（Fang，2016），因此知识增长具有一定的累积性和阈值，结合知识生态系统理论和前期研究基础，本节基于生态学中 Lotka - Volterra 模型，描述知识增长演化过程：知识生态环境中，知识种群（以下简称“知识”）增长率模型表示为：

$$\frac{1}{x_i} \cdot \frac{\mathrm{d}x_i}{\mathrm{d}t} = r_i' = r_i + \sum_{j=1}^{n} a_{ij} x_j \text{，即：}$$

$$\frac{\mathrm{d}x_i}{\mathrm{d}t} = x_i r_i' = x_i \left(r_i + \sum_{j=1}^{n} a_{ij} x_j\right) \tag{4.28}$$

④基于知识流动、知识位势等理论（Nonaka，1995；许晖等，2015；林筠等，2016），用 a_{ij}表示产业技术创新过程中，其他知识模块对节点组织知识模块 x_i 的知识耦合能力。在其他知识模块的影响下，节点组织投入知识模块增长速度将变为 r_i'，且增长速度与环境影响、其他知识模块的知识耦合成线性关系。模型中用 x_i 表示知识存量，用 $a_{ij} \geqslant (\leqslant) 0$ 表示知识模块 j 对知识模块 i 的知识增长有正（负）影响，$a_{ij}x_j$ 表示知识模块 j 对 i 的相对增长率的贡献；考虑到知识总量具有一定阈值（Fang，2016），假定 a_{ii}表示知识模块 i 对自身知识的抑制系数，该系数越小表明知识增长空间越大；用 β_i 表示环境变化（如产业技术创新联盟中的公共知识、开放知识等）对知识模块 i 的影响。时间 t 取正向，则在外部环境影响下知识增长模型修改为式（4.29）：

$$\frac{\mathrm{d}x_i}{\mathrm{d}t} = x_i r'_i = x_i\left(r_i + \sum_{j=1}^{n} a_{ij}x_j - \beta_i\right) \tag{4.29}$$

（2）知识投入委托代理模型。

基于前面对产业技术创新双协调模式的分析和假设，在创新过程中，节点组织通过知识投入和耦合，转移给核心组织，以弥补核心组织投入的不足和降低创新风险，核心组织利用节点组织投入的知识开展产业技术创新（如开展研发、生产等）。因此，节点组织的知识投入与知识流动将影响整个产业技术创新。基于一些学者研究基础（叶飞等，2005），节点组织向核心组织提供知识量获得的收益值 π_i 为：

$$\pi_i = b_i\left(\partial + \sum_{j=1}^{n} x_j p\right) + m x_i - 0.5 r x_i^2 \tag{4.30}$$

令$\partial \pi_i / \partial x_i = 0$，易得，节点组织最优投入知识量 $x_i = (b_i p + m)/r$，则核心组织从节点组织获得的净收益为：

$$\pi_c = \left(1 - \sum_{j=1}^{n} b_i\right)\left(\partial + \sum_{j=1}^{n} x_j p\right) - \sum_{j=1}^{n} m x_i \tag{4.31}$$

在上述过程中，节点组织可以采取低投入策略和高投入策略，采取低投入策略时，核心组织不进行补贴（即 $m' = 0$），则节点组织的净收益为：

$$\pi_i = b_i(\partial + \sum_{j=1}^{n} x_j p) - 0.5rx_i^2 \tag{4.32}$$

结合前面假设，为方便计算，考虑链条中只有一个核心组织和一个节点组织，设定 $\sum^{n} b_j = b$，则节点组织最优的显性知识提供量为：$x_i' = b_i p/r$，此时，核心组织的净收益为：

$$\pi_c' = \partial(1-b) + (1-b)bp^2/r \tag{4.33}$$

当核心组织与节点组织间建立委托—代理关系，节点组织采取高投入策略，其收益模型为：

$$\pi_c = (1 - \sum_{j=1}^{n} b_i)(\partial + \sum_{j=1}^{n} x_j p) - \sum_{j=1}^{n} mx_i$$

$$(\text{IR}) \quad b_i(\partial + \sum_{j=1}^{n} x_j p) + mx_i - 0.5rx_i^2 \geqslant R_i x_i$$

$$(\text{IC}) \quad x_i = (b_i p + m)/r \tag{4.34}$$

则节点组织从核心组织获得的最优单位补贴为：

$$m'' = p - (\sum_{j=1}^{n} b_i p + \sum_{j=1}^{n} R_j)/n \tag{4.35}$$

将 m'' 带入节点组织知识投入量，可得最优知识供给量为：

$$x_i'' = p(1+b_i)/r - (\sum_{j=1}^{n} b_i p + \sum_{j=1}^{n} R_j)/rn \tag{4.36}$$

同理，为方便计算，考虑链条中只有一个核心组织和一个节点组织，设定 $\sum^{n} R_j = R$，$\sum^{n} b_i = b$，可得节点组织采取高投入策略时，核心组织从节点组织获得最优收益为：$\pi_c'' = \partial(1-b) + (1-b)(pn-R)(bp+R)/rn$；进一步调整，可得：

$$\pi_c'' = \{\partial(1-b) + (1-b)p^2 b/r\} + (1-b)Rp(pn-pb-R)/rn$$

则核心组织在节点组织采取两种不同策略下的收益差为：

$$\pi_c'' - \pi_c' = (1-b)Rp(pn-pb-R)/rn \tag{4.37}$$

由于核心组织从正向补贴节点组织投入知识，激发节点组织知识投入和流动的动力与活力。当节点组织采取高投入策略，建立委托代理模型，当 $p(n-b) \geqslant R$ 时，$\pi_c'' > \pi_c'$。同时，将节点组织产生的两种知识供应量 x_i'、x_i''代入式（4.30），可得节点组织采取高投入策略时，其收益大于采用低投入策略时的收益。

基于上述分析，在产业技术创新过程中，核心组织与节点组织建立委托代理关系，当节点组织采用高投入策略时，核心组织收益与节点组织收益均大于低投入策略下的收益，进而带动整个产业技术创新链效益的增加。

综上所述，在产业技术创新过程中，核心组织与节点组织间建立委托代理关系，通过调节知识投入决策并推动知识资源在不同主体之间流动，发挥不同主体在知识资源配置中的优势，有望提升产业技术创新能力；另外，在产业技术创新过程中，节点组织（如高校、科研院所等）是产业技术创新中创新的源头，与核心组织间存在合作与竞争关系，考虑到节点组织采用高投入策略时，投入知识将涉及专有性，知识投入和流动存在降低节点组织竞争力的风险，节点组织并不完全有动力开展高投入并推动知识流动。因此，有必要进一步分析节点组织采取高投入策略的可行性。

研究还表明：在知识流动过程中，节点组织的存量知识将与节点组织投入知识进行交互，通过知识耦合后形成新的知识，结合前期研究成果，表明节点组织投入知识在整个知识的投入和流动过程中表现出明显的生态性和调节作用。基于此，为了进一步提高知识流动和价值增值，有必要从知识生态学、知识耦合角度，分析节点组织投入知识模块、节点组织存量知识中的专有化模块与非专有化知识模块之间的生态耦合机理，剖析节点组织投入知识对知识生态链构建与演化中的调节作用。

（3）基于改进 Lotka－Volterra 和耦合理论的知识生态耦合分析。

结合前面对基于知识生态耦合的产业技术创新双协调模式的描述，根据假设③④和前期研究成果，可以看出，产业技术创新主体知识增长与各类知识模块之间交互关系密切相关：不同主体间知识模块互动关系对各主体知识增长存在促进、阻碍、替代等作用，与生态学中的种群交互及演化具有相似性。一些学者研究表明：生态学中的 Lotka – Volterra 模型可以用来描述一种知识对另一种知识增长的影响，即通过改变模型中作用系数，形成共生、竞争和捕食三种知识互动关系（Pistorius et al.，1996；Chakrabarti，2016；邵云飞等，2017），由此形成知识共生模式、知识竞争模式、知识捕食模式等（本节重点分析知识共生模式），其中知识共生模式表示两种知识的互动可以相互促进对方的知识增长。另外，物理学中“耦合”概念原指“两个或两个以上的体系或两种运动形式之间通过各种相互作用而彼此影响以致联合起来的现象”，根据耦合程度，从强到弱的顺序可以分为内容耦合、数据耦合（最低的一种耦合形式）、非直接耦合等 7 类。

基于此，本节基于改进 Lotka – Volterra 模型构建知识生态耦合模型，描述知识生态链的构建及演化，以此分析节点组织对各类知识模块的调节作用。同时，根据产业技术创新知识模块之间的关系的差异（既包括内容的相互作用，也包括功能的相互作用），本节将主要分析节点组织投入知识与其存量知识间存在两类知识耦合：即基于内容耦合的非专有化知识耦合（耦合度最高）、基于数据耦合的专有化知识耦合（耦合度最低）。

以下对两类知识模块间的耦合关系、演化过程及稳定性进行分析，探索节点组织知识投入对各类知识模块的调节及知识增长影响情况，见式（4.38）：

$$
\begin{cases}
r_1' = r_1 + a_{11}x_1 + a_{12}x_2 \\
r_2' = r_2 + a_{22}x_2 + a_{21}x_1 + a_{23}x_3 \\
r_3' = r_3 + a_{33}x_3 + a_{32}x_2
\end{cases}
\tag{4.38}
$$

式（4.38）中，r_1'、r_2'、r_3'分别表示节点组织存量知识中非专有化知识模块（如共性知识部分）、投入知识模块、专有化知识模块（如稀有的、有价值部分）相互影响下的增长速度。

考虑到节点组织对核心隐性知识的保护，为防止专有性知识的溢出，要求与投入知识之间耦合度最低（即不能通过投入知识反求专有性知识），令 $a_{32}x_2=0$，则式（4.38）修改为式（4.39）：

$$\begin{cases} r_1' = r_1 + a_{11}x_1 + a_{12}x_2 \\ r_2' = r_2 + a_{22}x_2 + a_{21}x_1 + a_{23}x_3 \\ r_3' = r_3 + a_{33}x_3 \end{cases} \tag{4.39}$$

以下分别对两类耦合关系、演化过程等进行分析，揭示知识模块间生态耦合规律。

①基于内容耦合的非专有化知识耦合。

内容耦合原指软件开发中一个模块与另一个模块的内部属性有关，即指一个模块不经调用直接使用另一个模块的程序代码（或内部数据），那么这两个模块之间就存在内容耦合（如两个模块之间存在内容重叠），一个模块内容的变化将引起另一模块内容的变化。

由于非专有性知识模块中知识流动不会降低节点组织的竞争力，在该类知识耦合中，投入知识模块与非专有性知识模块之间界面模糊，存在大量知识流动。因此，通过内容耦合，节点组织非专有性知识向投入模块进行知识流动，有利于促进主体内知识创新活动的效率，从而促进投入知识增长。为了简化研究，用 x_1 和 x_2 表示两类知识模块的知识水平（如知识存量），此时两知识间的贡献率都是正值，双方的知识存在互补关系，表明两类知识模块都能利用对方的知识推动自身知识的增长，并且一方知识的增长也可以促进另一方的知识创新增长，见式（4.40）。

$$\begin{cases} \omega_1(n_{x_1},\ n_{x_2}) = r_1 + a_{11}x_1 + a_{12}x_2 = 0 \\ \varphi_1(n_{x_1},\ n_{x_2}) = r_2 + a_{22}x_2 + a_{21}x_1 = 0 \end{cases} \tag{4.40}$$

如图4－11所示，两条直线的斜率分别为 $-a_{12}/a_{11}$ 和 $-a_{21}/a_{22}$，取 $x_2=0$，可得两直线分别与 x_1 坐标轴的交点坐标为 $A_2(-a_{11}/r_1,\ 0)$，$A_3(-a_{22}/r_2,\ 0)$；取 $x_1=0$，可得两直线与 x_2 坐标轴交点坐标为 $A_4(0,\ -r_1/a_{12})$，$A_5(0,\ -r_2/a_{21})$；两直线的交点为

$$A_6\left(\frac{a_{12}r_2 - a_{22}r_1}{a_{11}a_{22} - a_{12}a_{21}},\ \frac{a_{21}r_1 - a_{11}r_2}{a_{11}a_{22} - a_{12}a_{21}}\right)$$

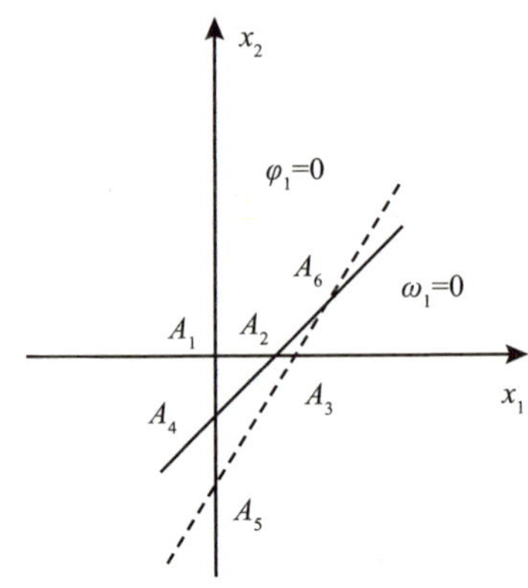

图 4 – 11　基于内容耦合的显性知识耦合演化趋势

直线 $\omega_1=0$ 与直线 $\varphi_1=0$ 是两类知识增长的可行解，根据其演化规律可进一步分析其管理意义：

基于前面模型假设，存在 a_{11}、$a_{22}<0$，两条直线的斜率 a_{12}、$a_{21}>0$，而知识存量 x_1、x_2 均需大于 0 才有意义，两条直线均为斜率为正的增函数（而且处于第一象限）。如图 4 – 11 所示，两类知识在相互影响下增长后，直线 $\varphi_1(x_1,\ x_2)=0$ 上的点与 $\omega_1(x_1,\ x_2)=0$ 上的点各自沿稳定条件演进，在 A_6 点汇合，逐渐形成稳定态。这表明知识模块 x_1 与知识模块 x_2 通过内容耦合，相互促进，知识增长稳定后，双方可以大致处于一个共生的稳定态 A_6。

由此可见，通过内容耦合实现知识流动，知识模块之间形成互惠共生关系，不仅可以提升自身知识模块的知识创新效率，还可以带动其他知识模块知识增长；同时，知识模块之间的耦合度越高（即 a_{12}、a_{21} 越大），对知识模块知识的增长就越明显。

②基于数据耦合的专有化知识耦合。

数据耦合原指系统中为了完成一些有意义的功能，往往需要将某些模块的输出数据作为另一些模块的输入数据，模块之间通过参数来传递数据，是最低的一种耦合形式。在该类耦合过程中，节点组织专有性知识（如稀缺的、重要的部分）被封装在模块中，以接口和功能的形式与其他模块进行交互，其中投入知识模块通过接口调用该模块，获取相应的功能，以此促进知识增长，见式（4.41）。

$$\begin{cases}\varphi_2(n_{x_3},\ n_{x_2}) = r_2 + a_{22}x_2 + a_{23}x_3 = 0 \\ \omega_2(n_{x_3},\ n_{x_2}) = r_3 + a_{33}x_3 = 0\end{cases} \tag{4.41}$$

如图4－12所示，两条直线的增长斜率分别为0和 $-a_{23}/a_{22}$，与前面计算类似，可得直线 $\varphi_2=0$ 与坐标轴 x_3 的交点坐标为 $P_3(-a_{22}/r_2,\ 0)$，与 x_2 坐标轴的交点坐标为 $P_4(0,\ -a_{23}/r_2)$；另外，$\omega_2=0$ 是平行于 x_2 的一条直线；两直线的交点 $A_6\left(\frac{-r_3}{a_{33}},\ \frac{a_{23}r_3-a_{33}r_2}{a_{33}a_{22}}\right)$。

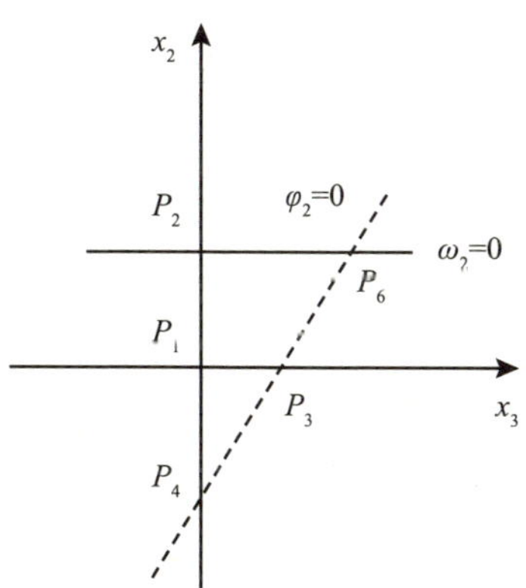

图4－12　基于内容耦合的显性知识耦合演化趋势

图4－12中，直线 $\omega_2=0$ 与直线 $\varphi_2=0$ 是两类知识增长的变化趋势，根据其演化规律及均衡点可进一步分析：

知识模块 x_3 与知识模块 x_2 将形成偏利共生关系，通过演化并在 P_6 点形成均衡。同理，还可以分析投入知识对存量知识中专有性知识的影响（即 $a_{32}x_2\neq0$ 的情况），其讨论过程与前面分析类似。基于此，在节点组织存量知识的影响下，图 4－11 中节点组织投入知识演化直线修改为图 4－13 中的演化直线。

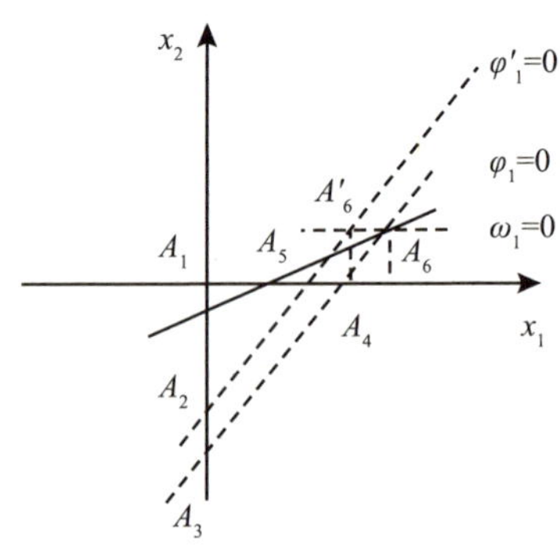

图 4－13　节点组织专有化知识影响下的投入知识增长演化趋势

图 4－13 中，$\varphi_1'=0$ 表示节点组织专有化知识影响下的投入知识增长演化趋势。结合前面分析可知：当 $\varphi_1=0$ 向 $\varphi_1'=0$ 平行移动，两类知识各自沿自身知识增长直线进行演化，从图 4－13 不难看出：知识模块 x_1 在 A_6'处投入量明显小于在 A_6 处（原来投入均衡）的知识投入量。由此可见，通过构建投入知识模块与存量知识模块之间的偏利共生关系，有利于推动节点组织专有化知识在主体内的流动，促进知识量的增加。

上述模型分析及结论可解释为：在产业技术创新中，利用内容耦合与数据耦合，构建以投入知识模块、专有性知识模块、非专有性知识模块之间的知识生态耦合关系，在该类知识生态中，以节点组织投入知识为杠杆，利用知识生态耦合，调节知识生态链的演化，实现知识的有效流动、整合和创新，大大促进了新技术、新知识的创新效率和知识供给量，有利于提高节点组织创新投入的活力和动力，有望推动知识链成员及知识链知识存量的增加，进而推动产业技术创新；同时，模型中的 a_{ij} 表示不同知识源之间的关系强度，反映出知识模块之间影响程度，其值越大，表示影响越大，而通过对不同类别的知识进行封装，基于内容耦合与数据耦合两种方式，有利于推动不同类别的知识进行交互。

4.3.4 算例模拟及分析

为全面、清晰地反映产业技术创新过程中，节点组织对产业技术创新中知识投入、配置的双重调节作用，以产业技术创新中知识 x_1、x_2、x_3 为对象，根据前面模式描述、假设条件和研究过程设定数值。

（1）节点组织对创新行为的调节分析。

分别对知识价值系数 s、分配系数 b_i、补贴系数 m、收益保留系数 R_i 等进行赋值，计算出高投入和低投入策略下的节点组织与核心组织的收益，见表 4－3。

表 4－3　　节点组织不同知识投入下投入产出数值模拟结果

模型参数							不同决策下的知识投入量		知识投入下的收益			
α	p	b_i	r	m	n	R_i	x_i'	x_i''	π_i'	π_i''	π_c'	π_c''
200	50	0.4	0.5	10	1	5	40	100	480	580	1320	2120

表 4－3 表示节点组织采用低投入策略和高投入策略下的知识投入量和收益情况，研究表明：通过核心组织补贴，节点组织采用高投入策略（即 $x_i''>x_i'$），节点组织的收益较高（$\pi_i''>\pi_i'$），核心组织收益也提高（$\pi_c''>\pi_c'$），此时，节点组织愿意开展深度知识投入，验证了前面数理推导结论。由此可见：节点组织作为产业技术创新中的创新源头，应当充分发挥专业化优势，与核心组织商定知识投入契约，对知识投入和流动进行约定，通过增加知识投入、流动拉动资金流动，推动知识链和资金链的协调发展，以此增加整个技术创新链的知识投入，有望提升产业技术创新能力。

（2）节点组织知识投入对知识生态耦合的调节作用。

为进一步验证节点组织对知识生态耦合关系的调节作用，本节采用 Matlab R2013 模拟分析由投入知识模块、专有性知识模块、非专有性知识模块构成的知识生态交互关系及其演化过程。

设定在没有其他知识影响下，所需投入的节点组织显性知识最大值为 $x_i''=100$（表 4－3 中数据），设定三类知识在没有外部影响下的自身增长速度 $r_1=r_2=r_3=1$。结合前面研究过程，如图 4－14 所示，分别对知识耦合能力系数赋值，对演化结果进行对比分析：

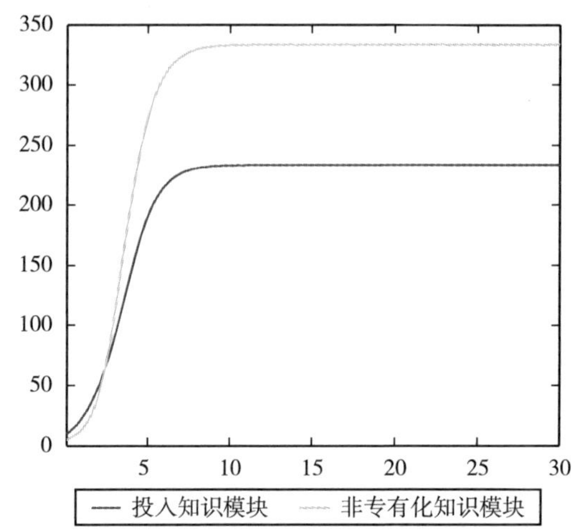

图 4－14（a） 投入知识与非专有化知识模型之间的生态耦合

（$a_{12}=0.004$，$a_{21}=0.01$）

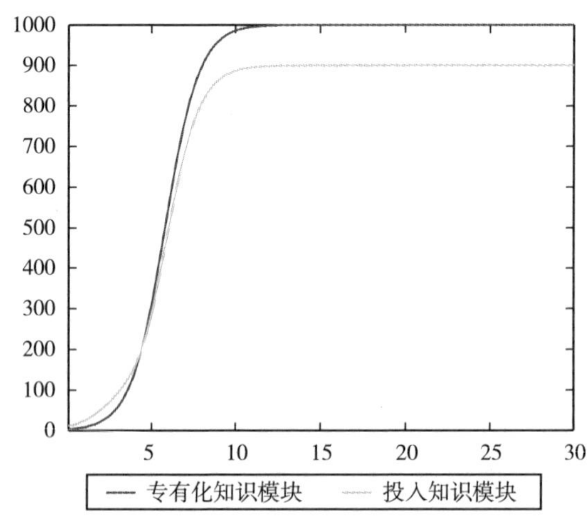

图 4－14（b） 专有化知识模块—投入知识之间的生态耦合

（$a_{23}=0.008$）

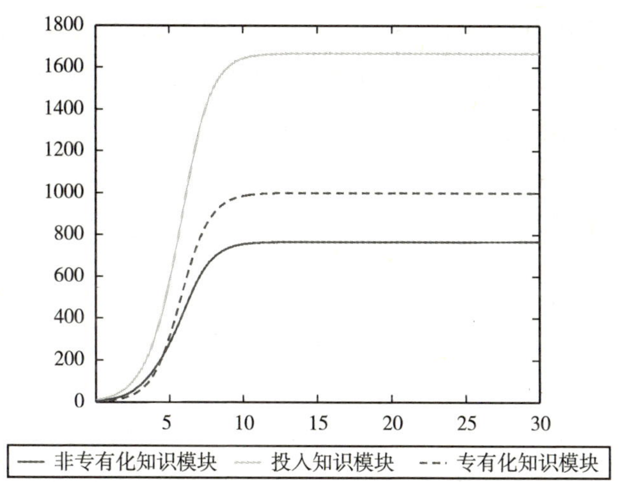

图4－14（c）　三类知识间的生态耦合（$a_{12}=0.004$，$a_{21}=0.01$，$a_{23}=0.008$）

图4－14（a）、（b）、（c）分别反映了不同知识耦合能力系数影响下的知识增长过程，数值模拟表明知识耦合能力系数 a_{ij} 对于推动知识增长速度、演化均衡具有重要作用，即通过调整知识耦合能力系数，知识存量增长速度及均衡将呈现出不同的状态（如图4－14（a）、（b）所示）；数值模拟结果还表明，当双方知识耦合能力系数均较小（即 a_{ij} 较小）以及知识存量均较小时（即 a_{ii} 较大），知识生态链各主体的知识模块交互将形成低效率均衡，会导致在主体间和主体内的知识流动中断；而当三类知识模块间形成“互惠共生和偏利共生”关系时，则有利于共同促进知识耦合与流动。根据前面推导及模拟结果，令技术创新链中最终需要投入知识量（即知识流动、耦合后的知识量）$x_i''=100$（节点组织投入显性知识），考虑链条中投入知识模块与专有性知识模块的知识耦合与流动，则实际需要投入知识量 $x_i=39<x_i''$（另外，还可以同时考虑三类知识模块交互下的生态耦合与流动，知识投入量将更低）。由此可见，通过构建基于“互惠共生＋偏利共生”关系，实现知识模块的生态耦合，推动知识在主体内和主体间有效流动，形成知识生态链，有利于

推动知识在主体内和主体间进行生态流动，弥补知识存量的不足，促进技术创新链中各类知识量的有效供给，提升产业技术创新能力，由此验证了4.3.3的推演结果。

4.3.5 研究结论与启示

（1）研究结论。

知识模块化和耦合化是产业技术创新呈现的新特征，本节在委托代理、生态学、知识模块等理论基础上，设计了基于知识生态耦合的产业技术创新双调节模式，开展定性与数值算例分析，剖析节点组织知识投入对产业技术创新双重影响，可以得到如下结论：

①针对产业技术创新呈现出的知识模块化和耦合化特点，本节将产业技术创新中节点组织知识细分为投入知识模块、专有性知识模块、非专有性知识模块，设计了产业技术创新的新模式，揭示了节点组织对知识投入和生态耦合的双重调节机理，是对传统知识转移、转化理论（Nonaka et al.，1995）的拓展，延伸了对产业技术创新中知识管理的理论研究范围，推动了知识流、资金流与技术创新链理论的融合发展。

②针对设计的产业技术创新双协调模式，基于改进 Lotka - Volterra 模型构建知识生态耦合模型，将知识作为重要的调节变量，由此基于委托—代理模型构建知识投入委托代理模型，开展定量分析，将传统委托—代理模型与 Lotka - Volterra 模型进行融合，开展知识流动、资金流动和产业技术创新的系统研究，拓展了传统的委托代理函数（郑永彪等，2013；黄波等，2015）建模方法。

③基于产业技术创新中节点组织对知识投入和生态耦合的双重调节机理，通过构建产业技术创新中“知识模块生态耦合关系＋技术创新链”，可以有效促进产业技术创新中知识投入与耦合，提升节点组织创新的活力与动力，促进知识流动的价值增值。

(2) 管理启示。

本节的研究过程与结论对于推动产业技术创新中的知识投入、流动以及产业技术创新发展具有一定的管理启示，具体表现为：

①本节分析了产业技术创新中，节点组织对知识投入及知识模块生态耦合的双调节作用，发现通过协调节点组织与核心组织的利益分配，有望推动节点组织的显性知识投入和资金流动。因此，相比于发达国家，我国大量“后发”战略性新兴产业在开展产业技术创新时，要实现高效的跨组织知识资源配置，作为创新源头的节点组织（如高校、科研院所等）要增强知识资源配置的活力，通过与核心组织协调知识资源投入、流动等，协商利益分配，增加知识投入及流动的动力，突破多元创新主体各自的知识体系，有利于打破原有跨组织知识资源配置过程中的低效率均衡、深化社会化分工和提高知识资源的配置效率。

②考虑到产业技术创新过程中呈现知识模块化和耦合化等特征，作为知识创新“源头”的节点组织要对知识进行分类聚合，形成各类模块功能和接口，通过协调好投入的知识模块、专有性知识模块、非专有性知识模块的“互惠共生 + 偏利共生”关系，充当好“杠杆”角色，有利于推动知识生态耦合与流动。

③通过构建“知识模块生态耦合关系 + 技术创新链”，协调好知识投入与技术创新中资源配置关系，有望推动知识投入、流动与价值创造的协调发展，充分发挥好知识作为创新的核心要素作用，实现知识价值增值，提升创业技术创新能力，促进产业技术创新发展。

4.3.6 本节小结

本节基于委托—代理模型构建知识投入委托代理模型和基于改进 Lotka - Volterra 模型构建知识生态耦合模型，下一步如何结合具体的产业（尤其是战略性新兴产业）技术创新行为及因素，考虑投入知识模块、专有性知识模块、非专有性知识模块的实际参数值，开展算例研究，以此提出推动产业技术创新知识投入及生态耦合，将是未来深入研究的重点。

4.4 本章小结

本章基于博弈论、种群动力学、知识管理等理论，从知识交互的视角，分别构建基于知识生态交互的产业技术创新协调模式、基于知识生态螺旋的产业技术双元创新协调模式和基于知识生态耦合的产业技术创新双调节模式。从生态位关系协调的角度研究优化产业技术创新方式，为培育与发展战略性新兴产业集群提供新思路，为进一步优化战略性新兴产业集群的结构提供了理论参考，也为下一步探究战略性新兴产业集群发展的影响因素及作用路径等指出方向。

第 5 章

基于生态位因素分析的产业集群发展机理研究

5.1 产业集群发展的生态位因素筛选原则、过程及筛选结果

5.1.1 生态位因素筛选原则

基于前期研究基础，结合对产业集群（如产业园区等）的现场访谈、专家咨询，本书认为战略性新兴产业集群发展影响因素的选择要结合我国战略性新兴产业集群的特点：一是要反应创新驱动发展的基本特征；二是要具有可操作性；三是指标要反映动态变化，遴选原则如下所示：

（1）可操作性原则。

探究产业集群发展机理的目的是找准推动该类产业集群发展的“着力点”。我国的战略性新兴产业作为“后发”产业，加上该类产业集群

地域、产业等发展差异性较大，且处于初级阶段，尚未建立完整、系统的产业发展统计指标体系，数据积累与采集的渠道有限。可行性和可操作性是指标选择首选原则，即指标必须可供采集，能从各种现有资料（如统计年鉴、公报等，或者公开出版的文献资料，如网站等）中获取。指标选择须遵循以下几点：简单，少而精，公式合理，易于掌握与推广。

（2）可比性原则。

一般而言，不同区域、不同类别产业的战略性新兴产业类型、集群规模、经营方式、生产特点等存在差异。但从相对数角度方面来看，就可以削弱这些影响。因此，战略性新兴产业集群发展影响因素的选择，要尽量保证各产业指标口径一致与计算方法一致，确保各类指标具有可比性。

（3）便于分析原则。

产业集群发展的影响因素众多，包括资源生态位、技术生态位、市场生态位、制度生态位等，且相互之间联系复杂，组成一个复杂的系统；其发展机理不仅需要破解人力、物力、财力等产业集群传统资源配置关系，还需要将创新活动、技术进步状况与集群发展效益（如经济效益、社会效益等）等纳入整体讨论。选择的影响因素要体现出根据指标值对其资源投入、创新产出、集群发展绩效等进行有效研判。

（4）准确性原则。

影响因素及作用路径是产业集群发展的“指挥棒”，代表了产业集群市场主体和政府促进创新驱动发展的方向，既要反应产业集群的工作重心，又要反映政府政策制定的方向，同时还需要考虑理论与实践相结合。因此，战略性新兴产业集群发展指标的选择要充分考虑有效的数据支撑，同时通过其他途径能够实现有效佐证，以反应产业集群的基本发展概况，为产业集群的创新驱动发展和政府政策制定提供决策依据。

（5）动态性原则。

战略性新兴产业集群发展的重要特征是创新驱动发展，主要表现为持续创新，其发展指标体系中需要涵盖动态、持续性指标，即需通过当年集群创新活动指标与前几年创新活动指标的动态比较来评价产业集群的动态、持续创新活动，而不能仅仅依靠静态的指标来描述产业集群的创新过程。如新产品销售收入是在当年时间点上的创新能力的静态描述，而新产品销售收入占比则描述了战略性新兴产业集群新产品销售的可持续发展能力。

5.1.2 指标筛选过程

基于上述分析原则，本节进一步细化战略性新兴产业集群发展数据的产生口径和来源渠道，构建战略性新兴产业集群发展的影响因素数据库（对于这些因素的遴选综合考虑了战略性新兴产业集群的概念，既包括集群发展的传统因素，也包括该类集群发展的新特征），并对不同规模、不同生命周期的适用性，以及对集群发展的意义、创新依存度和准确程度列表进行综合分析，以对每个指标进行合理判断（判断的层次分为“是”“一般”“否”，分别代表对该项指标的3种程度），见表5－1。

表5－1　战略性新兴产业集群发展影响因素选择

序号	指标名称	是否易于操作	是否易于比较	是否便于分析	是否准确	是否反映动态变化
1	从业人员	是（企业上报或通过调研得到，或者查询集群（如产业园区等）网站获得）	是（该数值在一定程度上反映出影响程度）	是（该数值在一定程度上体现正向关系）	是（该数值能够有效佐证）	是（该数值能够反映持续变化）
2	企业数量	是（同1）	是（同1）	是（同1）	是（同1）	是（同1）
3	固定资产投资	是（同1）	是（同1）	是（同1）	是（同1）	是（同1）

续表

序号	指标名称	是否易于操作	是否易于比较	是否便于分析	是否准确	是否反映动态变化
4	资产总计	是（同1）	是（同1）	是（同1）	是（同1）	是（同1）
5	资本结构	一般（该指标涵盖范围广，且企业众多，不易采集数据）	是（该数值在一定程度上反映出影响程度）	是（该数值在一定程度上反映出影响程度）	否（企业众多，不易采集数据，难于反映集群整体情况）	否（由于该数据不易收集，很难反映持续变化）
6	成长能力	一般（同5）	一般（不同企业间差异较大，不便于比较）	是（同1）	否（同5）	否（同5）
7	偿债能力	一般（企业核心数据，不易采集数据）	否（企业众多，不易采集数据）	是（同1）	否（同1）	否（同1）
8	企业规模	一般（同5）	一般（同6）	是（同1）	否（同5）	是（同1）
9	科技活动经费支出总额	是（同1）	是（同5）	是（同1）	是（同1）	是（同1）
10	专利授权数	是（同1）	是（同1）	是（同1）	是（同1）	是（同1）
11	科研人员比例	是（同1）	是（同1）	是（同1）	是（同1）	是（同1）
12	新产品产出率	是（同1）	是（同1）	是（同1）	是（同1）	是（同1）
13	企业管理水平	一般（同7）	否（同7）	是（同1）	否（同5）	是（同1）
14	运营能力	一般（同7）	否（同7）	是（同1）	否（同5）	是（同1）
15	企业社会支持度	是（同1）	否（同7）	一般（影响程度不便于判断）	否（同5）	是（同1）

续表

序号	指标名称	是否易于操作	是否易于比较	是否便于分析	是否准确	是否反映动态变化
16	社会美誉度	是（同1）	否（同7）	一般（同15）	否（同5）	是（同1）
17	社会地位	是（同1）	否（同7）	一般（同15）	否（同5）	是（同1）
18	财政投入	是（同1）	是（同1）	是（同1）	是（同1）	是（同1）
19	外商投资	是（同1）	是（同1）	是（同1）	是（同1）	是（同1）
20	进出口总额	是（同1）	是（同1）	是（同1）	是（同1）	是（同1）
21	社会融资	是（同1）	是（同1）	是（同1）	是（同1）	是（同1）
22	孵化器数（包括加速器数等）	是（同1）	是（同1）	是（同1）	是（同1）	是（同1）
23	企业入孵化器数占企业总数比例	是（同1）	是（同1）	是（同1）	是（同1）	是（同1）
24	技术市场	一般（同7）	否（同5）	是（同1）	否（同5）	是（同1）
25	中介市场	一般（同7）	否（同5）	是（同1）	否（同5）	是（同1）
26	新产品销售收入	是（同1）	是（同1）	是（同1）	是（同1）	是（同1）
27	营业收入	是（同1）	是（同1）	是（同1）	是（同1）	是（同1）
28	净利润	是（同1）	是（同1）	是（同1）	是（同1）	是（同1）
29	工业总产值	是（同1）	是（同1）	是（同1）	是（同1）	是（同1）
30	工业增加值	是（同1）	是（同1）	是（同1）	是（同1）	是（同1）
31	实际上缴税费总额	是（同1）	是（同1）	是（同1）	是（同1）	是（同1）

5.1.3 筛选后的影响因素

本研究根据既定的五条指标遴选原则，对上述每个因素进行分析，综合各方面的情况，选择剔除不含3个“是”以上的指标（包括“一般”和“否”）。根据表5-1的分析结果，再次对指标参考影响因素进行归并整合和精选后，建立起战略性新兴产业集群发展的影响因素，包括6个大类20个小类的影响因素，见表5-2。

表5-2 筛选后的战略性新兴产业集群发展影响因素及说明

大类因素	影响因素	影响因素意义说明	备注（计算或采集说明）
资源生态位	从业人员	《中国统计年鉴》统计指标，反映集群人力资源规模	集群官网公开披露数据
	企业总数	《中国统计年鉴》统计指标，反映了集群中企业总量	集群官网公开披露数据
	固定资产投资	《中国统计年鉴》统计指标，利用货币反映固定资产活动的工作总量	该集群所在区域或者上一级行政区的统计年鉴
	资产总计	《中国统计年鉴》统计指标，反映了集群中总资产	集群官网公开披露数据
技术生态位	科技活动经费支出总额	《中国统计年鉴》统计指标，反映集群科技创新活动相关的经费支出情况	集群官网公开披露数据
	专利数（授权）	《中国统计年鉴》统计指标，反映集群中拥有自主知识产权的科技和设计成果情况	集群官网公开披露数据
	科技活动人员	《中国统计年鉴》统计指标，反映从事科技活动的人员总数	集群官网公开披露数据

续表

大类因素	影响因素	影响因素意义说明	备注（计算或采集说明）
服务生态位	社会融资（IPO）	集群统计指标，反映集群向社会融资总额	集群官网公开披露数据
	孵化器数	集群统计指标，反映集群内服务创新和创新成果产业化的配套环境	计算（国家级科技企业孵化器数＋国家级大学科技园）
	在孵企业数	集群统计指标，反映集群服务的基础条件和服务能力	集群官网公开披露数据
	企业入孵化器数占企业总数比例	集群统计指标，该指标反映了集群在孵企业占企业总数的份额	计算（在孵化器企业数/企业总数）
市场生态位	技术收入	《中国统计年鉴》统计指标，反映了集群内进行技术开发、技术转让、技术咨询服务等带来的收益	集群官网公开披露数据
	新产品销售收入	《中国统计年鉴》统计指标，反映集群销售新产品实现的销售收入	集群官网公开披露数据
	扣除新产品后的产品销售收入	本研究界定指标，反映集群企业在没有进行科技研发情况下的生产能力	计算（产品销售收入－新产品销售收入）
	商品销售收入	《中国统计年鉴》统计指标，反映集群企业商品销售总额	集群官网公开披露数据
	其他收入	《中国统计年鉴》统计指标，反映集群企业主营业务收入中的其他收入	计算（主营业务收入－技术收入－产品销售收入－新产品销售收入）
制度生态位	财政投入	《中国统计年鉴》统计指标，反映政府对集群创新的扶持力度	集群官网公开披露数据
	外商投资	《中国统计年鉴》统计指标，反映外商对集群创新活动的贡献力度	该集群所在区域或者上一级行政区的统计年鉴
	进出口总额	《中国统计年鉴》统计指标，反映集群中进出口货物总金额	集群官网公开披露数据

续表

大类因素	影响因素	影响因素意义说明	备注（计算或采集说明）
集群发展	工业总产值	《中国统计年鉴》统计指标，反映集群生产情况	集群官网公开披露数据
	工业增加值	《中国统计年鉴》统计指标，反映集群企业生产过程中新创造的价值	集群官网公开披露数据
	实缴税费总额	《中国统计年鉴》统计指标，反映集群对社会的经济贡献	集群官网公开披露数据
	净利润	《中国统计年鉴》统计指标，反映集群中税后利润或净利润	该集群所在区域或者上一级行政区的统计年鉴
	集群发展综合指数	综合描述集群产业发展状况，总体评价集群产业发展水平	特别指北京中关村，数据来源于官网公开披露

注：具体指标解释见附录。

5.2 产业集群影响因素分析方法的选择与数据来源

5.2.1 熵权—灰色关联方法

基于一些学者研究基础（汪晓梦，2014；隋俊，2015；张近乐等，2015），灰色关联分析法是根据时间变化，对某一系统的变化发展情况进行定量描述和比较分析的系统分析方法。根据前面对战略性新兴产业集群特征的描述，其发展过程可以比作一个系统的演化过程。因此，为探究该类产业集群发展过程中各影响因素及关系、关联度，找出关键影响因素及作用机理，进而把握集群发展的主要特征，并由此提出推动集群发展的相关策略，本书基于灰色关联分析法开展相关探索。

在实际分析过程中，基于灰色关联分析中的规范性、接近性等四公理原则，确定战略性新兴产业集群中的比较序列、参考序列，以及关联系数，进而确定关联度。根据该方法的分析原理，如果产业集群比较序列与参考序列随时间的变化态势相似（或者相同），则表明两类序列同步程度高，则可认定两类序列的关联程度较大，并基于该研究模型，可进一步分析、评估、预测等集群发展情况。

另外，在传统的灰色关联分析过程中，往往采用主观确定变量权重，使实证研究结果出现各类偏差。基于一些学者研究基础（汪晓梦，2014），结合信息论中熵对信息无序程度描述的优势，本书在分析关联度时，引入熵值法进一步优化变量指标的权重，降低主观影响成分，使之贴近真实数据，力求将研究结果贴近客观实际。

5.2.2 数据选择及变量指标确定

（1）数据的收集与整理。

本节主要通过收集统计数据、专家访谈，以及实地考察形成研究数据库，以此研究战略性新兴产业集群发展的影响因素。

为了保证研究的数据具有代表性和可靠性，数据的来源尽可能涵盖与战略性新兴产业集群相关的政、产、学、研、管多个层面，以期获得比较全面客观的评判。结合前面提出的指标选择与筛选原则，本研究较多利用收集统计年鉴获取相关数据（如北京中关村、武汉东湖等），以及所在区域主管部门的统计年鉴，并通过以下途径及人员获取相关的数据：北京市、四川省、重庆市等地高新区管委会的高级管理人员；四川省、重庆市经济和信息化委员会园区处等管理人员；重庆市综合经济研究院的研究人员；重庆市中小企业局创新处的管理人员；浙江大学、四川大学、电子科技大学、重庆大学、重庆工商大学等从事技术经济或产业集群研究的教授、研究员。

近年来，国家通过设置国家自主创新示范区，推动战略性新兴产业集群发展。从宏观层面来看，国家自主创新示范区是战略性新兴产业集群的典型代表，部分学者也利用该类样本对战略性新兴产业集群开展了讨论（宋歌，2013；张治河等，2014）。

本书利用统计年鉴获取产业集群发展数据，在研究过程中，先后对《国家高新区创新能力评价报告》、《北京统计年鉴》、中关村官方发布统计数据、中关村各园区官方发布统计数据等进行深入追踪，先后构建了《中关村产业集群发展数据库》《中关村各园发展数据库》《武汉东湖高新区发展数据库》等典型案例库，得到了多个研究样本。

（2）样本描述。

本节从产业集群的所在地、产业集群所在业务领域等方面对采集的样本进行分析，可以得到如下基本情况：

①产业集群所在地。如前所述，考虑到集群数据采集的便利性和可行性，本书较多地采用统计年鉴和管委会发布的数据进行采集和集成，主要涉及北京、武汉、成都等地。根据国家科技部对全国高新区的统计，北京、武汉、上海、深圳、四川等省市是我国战略性新兴产业集群最为发达的区域，因此，本次数据采集数据所涉及的地区具有代表性和先进性。

②产业集群的业务领域。从战略性新兴产业种类看，本书研究数据涉及电子信息产业集群、新能源产业集群、海洋工程技术产业集群、航天航空技术产业集群、核应用技术产业集群、环境保护产业集群、生物医药产业集群、先进制造产业集群、现代农业产业集群、新材料产业集群以及综合类产业集群等，涉及整个产业链的各个环节，具有广泛的代表性。

③我国战略性新兴产业集群处于起步阶段，大多数集群尚未形成有效的数据统计和积累。在样本选择上，本次数据采集主要集中在北京、武汉等战略性新兴产业相对发达的高新区（自主创新示范区），这些高新区是我国国家设立的国家自主创新示范区的典型代表（其他大多数高新区的统计指标和数据尚未进行公开披露，或者披露不全），其发展过程与水平代表了我国战略性新兴产业集群最新的趋势，通过对这些典型样本的分析，揭示发展经验和管理启示，有利于为其他地区的战略性新兴产业集群提供理论参考。因此，样本的选择具有较好的代表性。

（3）指标的选择。

通过前面对战略性新兴产业集群发展的数理分析，不难发现：该类产业集群是具有复杂性、开放性等综合特点，影响其协同发展的各类因素较多且联系较为复杂，可认定为由多维超体积生态位组成。为了更好地定量分析其发展情况，应该基于战略性新兴产业集群的定义、特征等，选取代表性影响因素及指标，探究该类产业集群的发展机理。

北京中关村示范区（即中关村科技园区，简称中关村）是我国第一个被批准建设的国家自主创新示范区。近年来，在国家和地方的广泛扶持下，实施转型升级，开展系列工程（如深入实施“战略性新兴产业集群创新引领工程”等），园区内已经建成新材料、新能源、先进制造等多个创新集群。截至2016年底，中关村战略性新兴产业集群收入占比超过70%，在全国科技创新中心建设中已经成为重要载体，辐射与带动作用明显，建成典型的、示范性的战略性新兴产业集群。

结合一些学者的研究基础，本节结合战略性新兴产业集群发展特点，对每一类生态位因素（资源生态位、技术生态位、市场生态位、服务生态位以及制度生态位）进行细化，提取资源生态位、技术生态位、市场生态位、服务生态位以及制度生态位五个维度，每个维度下细分为多个生态位指标，结合《北京统计年鉴》、中关村网站官方披露数据等，收集北京市中关村及各大园区2009~2016年的发展数据，构建了较为完整的战略性新兴产业集群发展分析指标体系及数据，如表5-3所示。

表5-3　变量名称、量化指标及指标标识

变量名称	量化指标	指标标识
资源生态位	企业数	L1
	从业人员	L2
	固定投资	L3
	资产总计	L4

续表

变量名称	量化指标	指标标识
技术生态位	科技活动经费支出总额	L5
	专利数	L6
	科技活动人员数	L7
制度生态位	财政投入	L8
	外商实际投资	L9
	进出口总额	L10
服务生态位	社会融资	L11
	企业入孵化器数	L12
	孵化器数	L13
	企业入孵化器数占企业总数比例	L14
市场生态位	技术收入	L15
	新产品销售收入	L16
	扣除新产品后产品销售收入	L17
	商品销售收入	L18
参考序列	净利润	Q0

表5－3中资源生态位、技术生态位、制度生态位、服务生态位、市场生态位为比较序列。以下通过对上述指标及相关数据的分析，剖析集群发展的关键影响要素，由此揭示各种生态位对战略性新兴产业集群的影响程度，探索集群发展的关键“着力点”。

5.3 产业集群发展影响因素模型构建及实证研究

5.3.1 计算步骤

基于某些学者的研究基础，制定以下计算步骤：

(1) 确定参考序列与比较序列中的变量指标。根据前面对灰色关联分析方法的描述，选取北京中关村2009～2016年统计指标中的“净利润”作为系统的参考序列，记为 Q_0；将资源生态位、技术生态位、服务生态位、市场生态位、制度生态位5大类变量细化为具体指标，记为 $L_t(t=1, 2, 3, \cdots, 19)$，细化后的变量指标见表5－3所示。

(2) 无量纲化处理参考序列和比较序列中的变量指标。通常情况下，由于指标代表不同的含义，指标数据具有不同的量级或数量纲，难于进行有效比较、分析。因此，为保证分析的可靠性、真实性，本书对战略性新兴产业集群中的参考序列和比较序列中的指标进行无量纲化处理（一般情况下，常用的无量纲化处理方法有均值变换法、初值变化法和标准化法）。考虑到方法的适应性、可靠性等，本研究采用初值变换法进行无量纲化处理，具体操作原理为：以时间序列为主线，构建每一个指标的变化数据，以同一序列的第一个数据除以序列中每一个原始数据，求各个序列的初值像，处理公式如式（5.1）所示：

$$L_\iota(k)=\frac{L_\iota(k)}{L(1)}(\iota=1, 2, \cdots, n; k=1, 2, \cdots, N) \tag{5.1}$$

(3) 计算差序列，求得最大差与最小差。处理公式如（5.2）：

$$\triangle_\iota(k)=|L_0(k)-L_\iota(k)| \quad (\iota=1, 2, \cdots, n; k=1, 2, \cdots, N) \tag{5.2}$$

通过式（5.2）计算，得出差序列中的最大值和最小值，即为最大差与最小差，分别记为 $\triangle(\max)$ 与 $\triangle(\min)$。

(4) 计算关联系数。处理公式如（5.3）：

$$\xi_\iota(k)=\frac{\triangle(\min)+\theta\triangle(\max)}{\triangle_\iota(k)+\theta\triangle(\max)}, \quad \theta\in(0, 1),$$
$$k=1, 2, \cdots, n; \iota=1, 2, \cdots, N \tag{5.3}$$

式（5.3）中，根据一般情况，白化值 θ 取0.5。

(5) 通过熵权法设定指标权重。在 (m, n) 评估问题中，$L_{\iota j}$ 表示第 ι 个评价对象的第 j 个指标，$r_{\iota j}$ 为标准化处理以后的数据。根据熵的定义，第 j 项指标的熵值计算方法为：

$$S_j = -\frac{1}{\ln m}\sum_{i=1}^{m} d_{ij}\ln d_{ij} \tag{5.4}$$

为了让 $\ln d_{ij}$ 具有数学意义，将熵值 S_j 的影响控制在合理范围之内，定义概率的计算公式为：

$$d_{ij} = \frac{r_{ij} + 10^{-4}}{\sum_{i=1}^{m}(r_{ij} + 10^{-4})} \tag{5.5}$$

计算指标差异度：

$$K_j = 1 - S_j \tag{5.6}$$

计算指标熵权：

$$W_j = \frac{K_j}{\sum_{j=1}^{n} K_j} \quad (j=1,\ 2,\ \cdots,\ n) \tag{5.7}$$

（6）求取关联度。

等权关联度计算：

$$\xi_\iota = \frac{1}{n}\sum_{k=1}^{n}\xi_\iota(k) \quad (\iota=1,\ 2,\ \cdots,\ N) \tag{5.8}$$

加权关联度计算：

$$\xi_\iota = \sum_{k=1}^{n} w_k\xi_\iota(k) \quad (\iota=1,\ 2,\ \cdots,\ N) \tag{5.9}$$

5.3.2 实证研究

本节首先采用初值变换法对采集到的原始数据进行无量纲化处理，其中白化值 θ 取 0.5。结合前面对计算公式和计算过程的描述，分别计算产业集群发展中的参考序列与比较序列的关联系数，以及各项指标的熵权。其中关联系数 Z_k（$k=1,\ 2,\ \cdots,\ 18$）的计算结果见表 5－4、表 5－5（表中的数据计算结果精确至数点后第 3 位）。

表 5-4　　北京中关村自主创新示范区各影响因素的关联系数

指标	2009 年	2010 年	2011 年	2012 年	2013 年	2014 年	2015 年	2016 年
企业数 L1	1.000	0.765	0.661	0.596	0.489	0.374	0.340	0.333
从业人员 L2	1.000	0.765	0.764	0.754	0.616	0.372	0.349	0.333
固定资产投资 L3	1.000	0.932	0.901	0.883	0.333	0.574	0.645	0.454
资产总计 L4	1.000	0.947	0.913	0.634	0.598	0.617	0.529	0.333
科技活动经费支出总额 L5	1.000	0.408	0.517	0.603	0.492	0.333	0.350	0.452
专利数 L6	1.000	0.474	0.565	0.621	0.664	0.333	0.840	0.478
科技活动人员数 L7	1.000	0.705	0.673	0.637	0.555	0.373	0.346	0.333
财政投入 L8	1.000	0.529	0.527	0.436	0.385	0.379	0.341	0.333
外商实际投资 L9	1.000	0.777	0.770	0.703	0.556	0.381	0.357	0.333
进出口总额 L10	1.000	0.851	0.811	0.891	0.758	0.528	0.394	0.333
社会融资（IPO）L11	1.000	0.768	0.420	0.353	0.625	0.517	0.522	0.333
企业入孵化器数 L12	1.000	0.759	0.715	0.707	0.516	0.392	0.351	0.333
孵化器数 L13	1.000	0.799	0.711	0.635	0.503	0.388	0.357	0.333
企业入孵化器数占企业总数比例 L14	1.000	0.833	0.810	0.779	0.639	0.467	0.413	0.333
技术收入 L15	1.000	0.763	0.702	0.809	0.561	0.333	0.608	0.963
新产品销售收入 L16	1.000	0.854	0.677	0.603	0.526	0.409	0.354	0.333
扣除新产品后的产品销售收入 L17	1.000	0.993	0.494	0.388	0.356	0.475	0.443	0.333
商品销售收入 L18	1.000	0.872	0.540	0.333	0.368	0.511	0.686	0.629

表 5-5　　2009~2016 年北京中关村自主创新示范区各影响因素的关联度排序

指标	等权灰色关联度	等权关联度排序	加权灰色关联度	加权关联度排序
L1	0.570	14	0.264	13
L2	0.619	7	0.287	6

续表

指标	等权灰色关联度	等权关联度排序	加权灰色关联度	加权关联度排序
L3	0.715	2	0.303	1
L4	0.696	3	0.290	4
L5	0.519	17	0.233	17
L6	0.622	6	0.259	15
L7	0.578	13	0.263	14
L8	0.491	18	0.228	18
L9	0.610	9	0.283	8
L10	0.696	4	0.301	2
L11	0.567	15	0.254	16
L12	0.597	10	0.272	11
L13	0.591	12	0.274	10
L14	0.659	5	0.285	7
L15	0.717	1	0.287	5
L16	0.595	11	0.276	9
L17	0.560	16	0.291	3
L18	0.617	8	0.272	12

为进一步讨论各类指标中重点影响因素，根据表5－3，将上述指标按照资源生态位、技术生态位、服务生态位、市场生态位、制度生态位五大类分类进行排序后，得到表5－6。

表5－6　北京市中关村战略性新兴产业集群发展五大变量内排序

变量名称	量化指标	等权灰色关联度	排序	加权灰色关联度	排序
资源生态位	企业数 L1	0.570	4	0.264	4
	从业人员 L2	0.619	3	0.287	3
	固定资产投资 L3	0.715	1	0.303	1
	资产总计 L4	0.696	2	0.290	2

续表

变量名称	量化指标	等权灰色关联度	排序	加权灰色关联度	排序
技术生态位	科技活动经费支出总额 L5	0.519	3	0.233	3
	专利数 L6	0.622	1	0.259	2
	科技活动人员数 L7	0.578	2	0.263	1
制度生态位	财政投入 L8	0.491	3	0.228	3
	外商实际投资 L9	0.610	2	0.283	2
	进出口总额 L10	0.696	1	0.301	1
服务生态位	社会融资（IPO）L11	0.567	4	0.254	4
	企业入孵化器数 L12	0.597	2	0.272	3
	孵化器数 L13	0.591	3	0.274	2
	企业入孵化器数占企业总数比例 L14	0.659	1	0.285	1
市场生态位	技术收入 L15	0.717	1	0.287	2
	新产品销售收入 L16	0.595	3	0.276	3
	扣除新产品后的产品销售收入 L17	0.560	4	0.291	1
	商品销售收入 L18	0.617	2	0.272	4

5.3.3 研究结论

战略性新兴产业集群是一类特殊的产业集群，兼具产业集群的一般特征，还表现出创新驱动性等新特征。基于表5-3，以净利润为参考序列，依据上述的实证研究结果，可以得出如下结论：

第一，本节构建的分析模型在一定程度上揭示了产业集群发展经济效益的影响因素。在所有指标的加权关联度排序中，影响最大的前五个因素分别为：固定资产投资、进出口总额、扣除新产品后的产品销售收入、资产总计以及技术收入。上述影响因素中，资源生态位、技术生态位、服务生态位、市场生态位、制度生态位五大类变量中排前五位的包括两个资源类指标、两个市场类指标、一个制度类指标，而技术类和服务类变量缺失，相比其他大类变量影响程度较差；而通过分析加权关联度的前十位，可知资源生态位变量包括三个指标，市场生态位变量也增加到三个指标，与资源生态位变量一起保持着绝对的优势，制度生态位和服务生态位变量各自有两个指标，技术生态位类指标数依然为零。

第二，从单个指标数据的纵向比较来看：商品销售收入指标的关联系数表现出了较为明显的倒“U”形变化趋势。企业数、从业人员、科技活动人员数、外商实际投资、进出口总额，这些指标变化则呈现出明显的逐年下降趋势。

第三，从单个指标数据的横向比较来看：截至 2016 年，新产品销售收入、孵化器数、企业数三个指标的关联系数都已经下降到 0.3 ~ 0.4 之间，而技术收入上升至 0.9 ~ 1 之间。这表明随着各类调整政策以及市场推动，战略性新兴产业集群发展的重点影响因素已经从传统要素因素向创新驱动转移。

综上所述，固定资产投资、进出口总额、扣除新产品后的产品销售收入、资产总计以及技术收入对战略性新兴产业集群的利润增长具有重要影响，这一结论对于进一步提升战略性新兴产业集群发展的经济效益具有积极的理论参考（如对于其他“后发”集群培育和发展的管理提供理论借鉴）。基于上述研究结论，可以得到如下管理启示：

第一，固定资产投资指标是产业集群建造与购置固定资产活动工作量的货币表现，反映出产业集群的固定资产投资规模、速度、比例关系和使用方向。从短期来看，利用投资推动战略性新兴产业集群发展依然是该类产业集群发展的主要举措，这表明该类产业集群还处于发展的初级阶段。在这一阶段，要实现集群经济效益增长，首先需要增加固定资产的投入，完善基础设施，搭建硬件载体，优化环境，引入人才。在资源生态势中，固定资产投资依然是该类产业集群形成的最主要的因素。因此，要针对该类产业集群发展阶段，因“期”施“政”，如在该类产业集群初期，政府对厂房、道路等园区内的基础设施应该给予重点帮扶，帮助其快速完成固定资产投资建设。

第二，进出口总额是制度生态位的重要因素，反映该类产业集群在对外贸易方面的总规模。战略性新兴产业的重要特征是实现全球化资源配置，进出口总额是其发展的关键指标。近年来，随着国际经济结构的调整和分工的再布局，受欧美等发达国家战略性新兴产业的影响，我国的传统贸易受到较大影响。但在“一带一路”倡议的布局下，我国倡议性新兴产业的市场拓展面临新的机遇。因此，针对战略性新兴产业集群，创新出口贸易政策，实施“特区”制度（如可以进一步减少相关新兴产业的重要零件进口税收以及出口税收，完善退税制度，提高报关效率），有望推动战略性新兴产业集群的发展。

第三，资产总计代表产业集群过去的交易或者事项形成的、由企业拥有或者控制的、预期会给集群带来经济利益的资源。该指标既可以表示资源投入量，也可以表示产业集群经济规模的发展状况，基于前面数据分析，不难发现，在该类产业集群发展的初级阶段，持续增加资源规模，依然是推动该类产业集群效益增长的重要“抓手”。因此，政府和市场主体（如企业等）通过增加投资，扩大规模，是推动该类产业集群发展的重要举措。

第四，扣除新产品后的产品销售收入表示在产业集群中，整个销售收入中扣除新产品销售收入中的部分（包括统计期内生产的成品、自制半成品和工业性劳务取得的收入）。这表明在战略性新兴产业集群发展的初期，通过扩大工业规模，生产、销售产品依然是当前集群发展的重要“抓手”。

第五，技术收入反映产业集群进行技术开发、技术转让、技术咨询服务等带来的收益。研究表明在该类产业集群的经济效益增长过程中，技术收入已成为重要的影响因素，这一基本行为特征也表明该类产业集群正逐渐实现创新驱动发展。因此，要构建创新驱动发展的长效机制，在产业集群发展过程中，一方面，要加强具有自主知识产权的自主创新研发，实现知识与技术储备，推动知识与技术的有效供给；另一方面，需要完善风险评估以及知识产权估值服务，积极转化现有知识与技术成果，提高将专利转化为收入的能力，建立市场推动与政府引导的双向调节机制（如政府可以适当减免创新企业税额（如通过专利获得收入产生的税），将更多的技术收入留在产业集群内部作为资本积累）。

另外，上述影响因素和分析方法具有一定的普适性，前面分析主要以经济效益指标——净利润，作为参考序列进行分析，也可以选择工业总产值等其他指标进行类似分析，探究产业集群发展的影响因素及程度。

5.4 产业集群发展的影响因素作用路径分析及实证研究

5.4.1 研究假设

基于前面理论分析，不难发现：战略性新兴产业集群发展不仅受资源、技术、市场等多种因素影响，政府部门（或企业）的各项制度以及集群内相关服务等也会共同影响集群的发展，这些因素共同推动战略性新兴产业集群的综合发展（如经济规模、经济效益、社会效益等）。

本节基于第3章中对产业集群内各类生态位相互作用的分析，结合一些学者研究基础（陆小成，2008），重点考察服务生态位和制度生态位的调节作用，并提出以下假设：

H1：资源生态位正向显著影响技术生态位。

H2：技术生态位正向显著影响市场生态位。

H3：市场生态位正向显著影响集群发展。

H4：服务生态位正向显著影响资源生态位。

H5：服务生态位正向显著影响技术生态位。

H6：制度生态位正向显著影响技术生态位和市场生态位。

H6a：制度生态位正向显著影响技术生态位。

H6b：制度生态位正向显著影响市场生态位。

H7：技术生态位正向显著影响市场生态位。

基于上述假设，构建战略性新兴产业集群协同发展模型（如图5-1）。该模型在一定程度上反映五大生态位因素在集群发展中的不同作用路径。

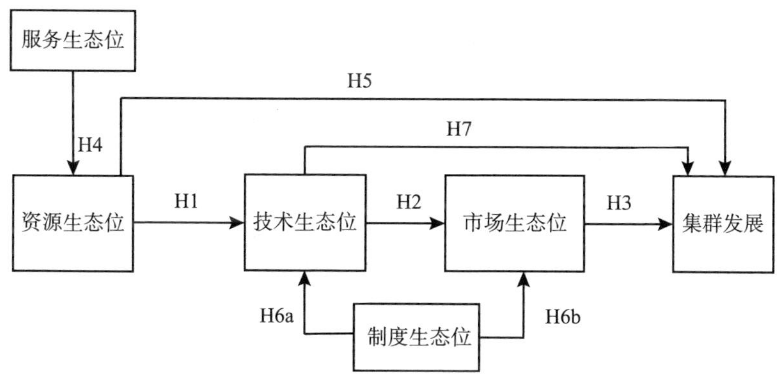

图5-1 战略性新兴产业集群协同发展的理论框架

为探究战略性新兴产业集群发展的影响因素及作用机理，将上述理论框架映射为协同发展模型，并采用 Smart PLS 2.0 软件构建研究框图（见图5-2）。

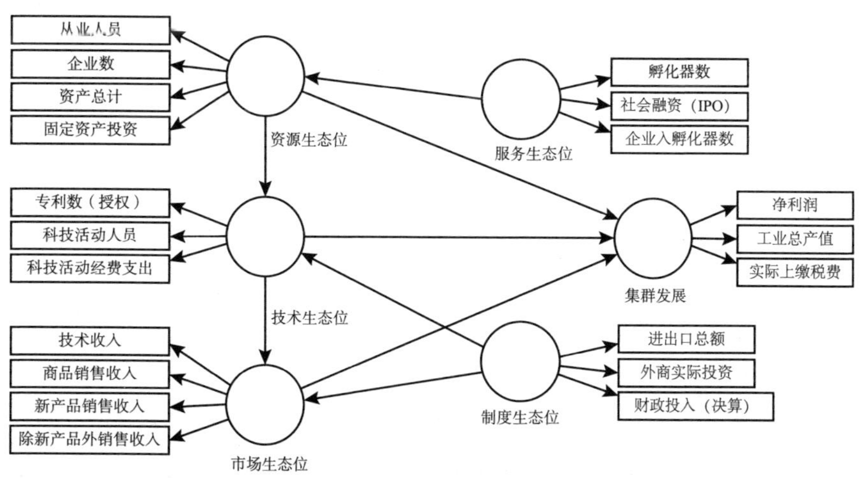

图5-2 战略性新兴产业集群发展的影响因素作用路径示意

图5－2、图5－3中“○”表示内因变量、潜在变量和外因变量（鉴于软件特性，变量名称），圆圈内数字表示各变量的方差，该模型只有一阶变量的方差有意义，一阶变量的方差越小，数据间离散程度越低；“□”表示各变量的组成因素；“→”表示各变量之间的标准化路径，箭头上附着的数字表示各变量之间的标准化路径系数，系数为用“＋”表示正向影响，用“－”表示负向影响。

5.4.2 数据来源

为验证资源生态位、技术生态位、市场生态位、服务生态位、制度生态位之间以及与集群发展间的关系，通过调查统计获取相关研究数据，调查对象主要为中国设立的自主创新区。

数据采集过程中，为更好地分析各产业集群资源生态位、技术生态位、市场生态位、服务生态位、制度生态位在时间序列上演变情况，以及对集群发展的影响，综合比较上述因素在时间、空间两个维度变化，本书拟以2009～2016年的8年期间全国典型的自主创新区（如北京中关村）为样本，采集相关数据开展实证研究。本节分析的指标数据主要来源于2009～2016年《北京统计年鉴》和各自主创新区网站公布数据，并进行适当处理。限于篇幅，原始数据和无量纲化预处理数据省略。

5.4.3 模型分析与假设检验

结合某些学者的研究思路（闫华飞，2015；罗颖等，2017），为探究资源、技术、市场因素对集群发展的影响作用，以及服务、制度在此过程中的调节作用，本节构建战略性新兴产业集群协同发展的结构方程模型（如图5－3所示），对上述影响因素的作用路径开展分析，并运用Smart PLS 2.0软件对处理后的数据进行假设检验（由于采用统计数据，本书认为该类数据是可信和有效的，省略掉信度分析和效度分析）。模型中，用工业总产值、实际缴税总额、净利润反映集群发展，用从业人员、企业数、固定资产投资、资产总计反映资源生态位，用科技活动经费支出总额、专利数（授权数）、科技活动人员数反映技术生态位，用技术收入、新产品销售收入、扣除新产品后的产品销售收入、商品销售收入反映市场生态位，用财政投入（决算）、外商实际投资、进出口总额反映制度生态位，用社会融资（IPO）、企业入孵化器数、孵化器数反映服务生态位。

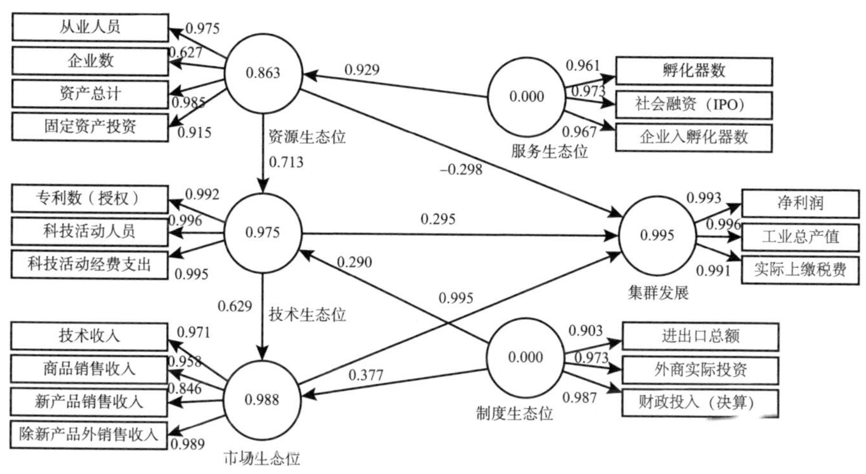

图5-3　北京中关村集群协同发展模型PLS估计

图5-3模型PLS估计结果所示，资源生态位、技术生态位、市场生态位与集群生态位之间的标准化路径系数分别为-0.298、0.295、0.995，服务生态位与资源生态位间的标准化路径系数为0.929，制度生态位与技术生态位、市场生态位间的标准化路径系数分别为0.290、0.377，资源生态位与技术生态位、技术生态位与市场生态位间的标准化路径系数分别为0.713、0.629。这表明资源生态位与集群生态位之间是负相关，其他各外因变量、潜在变量、内因变量之间则存在正向影响关系。潜在变量服务生态位、制度生态位的方差均为0，数据间离散程

度极低，H1、H2、H3、H4、H6a、H6b、H7 假设通过。虽然技术生态位和市场生态位正向影响集群生态位，但资源生态位负向影响集群生态位，因此 H5 假设未通过。

为进一步验证上述研究结论，以下进行 T 检验，如图 5－4、图 5－5 表示。

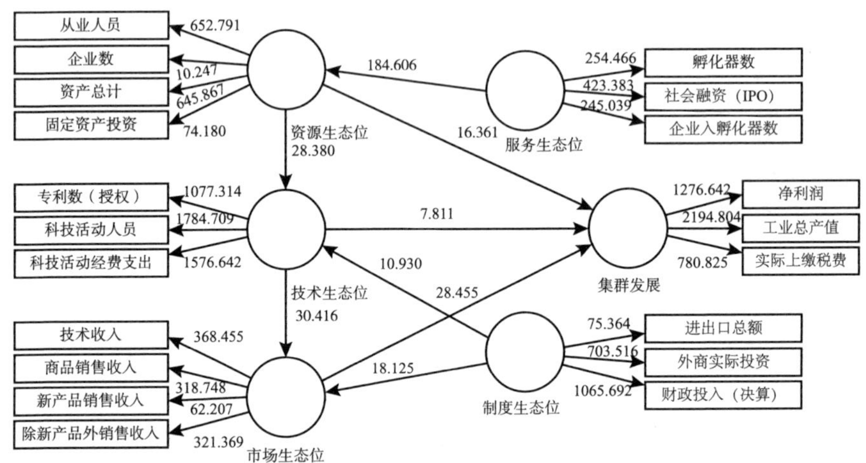

图 5－4　北京中关村集群协同发展模型显著性 T 检验（含调节变量）

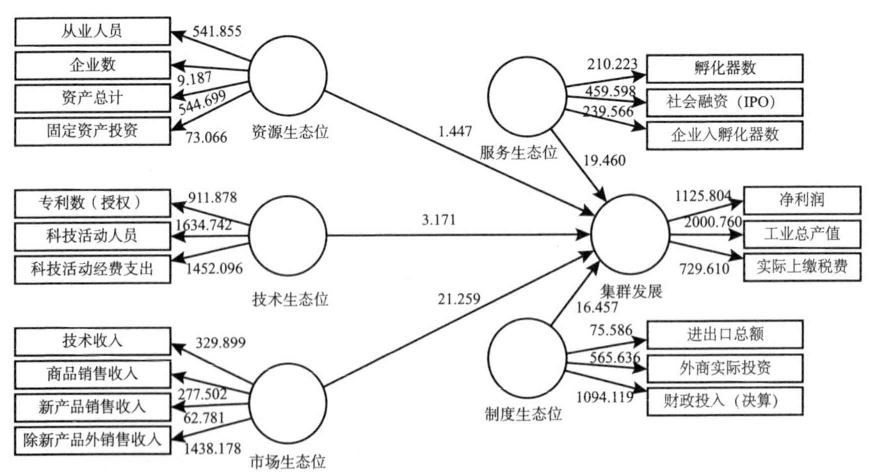

图 5－5　北京中关村集群协同发展模型显著性 T 检验（不含调节变量）

图 5－4、图 5－5 结果显示，服务生态位影响资源生态位的 T 检验 t＝184.606＞1.96，表示在 $\alpha=0.05$ 时，模型结果是显著的，表示调节效果存在；服务生态位直接影响集群生态位的 T 检验 t＝19.460＞1.96，表示在 $\alpha=0.05$ 时，模型结果也显著；间接效果显著的情况下，直接效果也显著，说明服务生态位为部分调节作用。制度生态位影响技术生态位、市场生态位的 T 检验分别是 10.930、18.125，均大于 1.96，表示在 $\alpha=0.05$ 时，模型结果是显著的，表示调节效果存在；制度生态位直接影响集群生态位的 T 检验 t＝16.457＞1.96，表示在 $\alpha=0.05$ 时，模型结果也显著；间接效果显著的情况下，直接效果也显著，说明制度生态位为部分调节作用。再次验证 H4、H6、H7 假设通过。

5.4.4　结果分析

通过上述分析，H5 假设未通过，其他假设均通过。制度生态位和服务生态位在技术生态位—市场生态位协同发展过程中，起到部分调节作用，推动战略性新兴产业集群发展，由此可以得到如下结论：

第一，上述模型揭示了战略性新兴产业集群发展的影响因素及作用路径。本节构建的战略性新兴产业集群协同发展模型反映了集群中资源生态位、技术生态位、市场生态位、服务生态位、制度生态位之间的作用机理，为深入剖析战略性新兴产业集群的经济规模、经济效益、社会效益等发展提供了理论借鉴，为推动集群的深度发展探索了路径。

第二，服务生态位对于战略性新兴产业集群发展影响较大。通过分析图 5－4，不难发现：服务生态位是除了市场生态位之外，对集群发展有显著影响的因素，而社会融资又是服务生态位中最显著的因素。社会融资是企业为了促进技术开发、成果的转化和进入市场，通过非传统银行贷款渠道筹集资金的活动。目前，由于战略性新兴产业中科技创新以及成果转化的不确定性，考虑到贷款风险，银行很难向战略性新兴产业集群提供系统地金融支持，而通过社会融资填补这一“缺口”，就成为战略性新兴产业集群发展的关键。因此，需要建立健全市场机制，发挥社会力量，积极引导、激励中介融资机构向战略性新兴产业集群提供各类优质的融资服务。

第三，需要充分发挥制度生态位的调节作用。战略性新兴产业集群普遍存在高投入、高技术、高风险等特点，这种发展的不确定性导致科技创新与市场培育的不确定性。作为产业发展的最大“推手”，政府可以发挥公共服务功能，提升服务质量，拓展服务功能，通过科学的战略规划及适度的政府财政投入，以此构建产业创新服务平台，为创新创业营造优良的环境和基础设施条件。制定相符合的税收政策，为了鼓励科技从业人员的积极性，可以减少部分劳动所得税，对企业通过创新生产获得的收入从而产生的增值税进行适当减免。这一系列举措可以让战略性新兴产业加大创新投入，增加专利的开发与授权，增加技术收入。

第四，坚持政府引导和市场主导的协同策略依然是当下集群发展的主要举措。从分析来看，服务生态位与制度生态位的协同作用，有利于技术生态位、市场生态位的扩展，进而推动产业集群的发展。因此，积极协调好政府和市场服务在集群发展的支持作用，有利于弥补产业集群发展过程中的“资源缺口”“市场缺口”等不足，优化资源配置，形成良好的市场秩序，促进该类产业集群形成持续的盈利模式和高成长的发展模式。

5.5 本章小结

本章设计了战略性新兴产业集群协同发展生态位因素筛选原则，对相关生态位因素进行了筛选，遴选出影响战略性新兴产业集群发展的因素，以北京中关村自主创新区为研究对象，基于熵权—灰色关联分析法开展了实证研究，测算了该地区资源生态位、技术生态位、市场生态位、服务生态位、制度生态位等因素与净利润的灰色关联度，得到了战略性新兴产业集群发展的影响因素。

以净利润、工业总产值、实际上缴税费总额等为集群发展指标，构建结构方程模型，选取北京中关村的发展数据，重点分析了服务生态位、制度生态位对战略性新兴产业集群发展的影响路径，由此，针对性地提出了进一步促进该类产业集群发展的对策建议。

上述研究主要以技术、市场与制度等为切入点，研究模型和研究结论为深度优化现有集群提供了路径参考，也为我国大量“后发”战略性新兴产业集群的发展提供了理论借鉴。

第6章

基于生态位适宜度评价的产业集群发展研究

6.1 产业集群发展生态适宜度评价模型构建

6.1.1 生态位指标选择

战略性新兴产业集群是对传统产业集群的延伸，呈现出高度集聚性与高度互动性、高技术性与知识溢出性等特征（刘志阳，2010），其发展要素涉及资源、技术、市场、服务、制度等多个方面，这些因素相互作用，共同作用于战略性新兴产业集群。因此，该类集群可以被认为是由多维的超体积生态位组成的，基于一些学者研究基础（唐建荣等，2015；郭燕青等，2015）和实地调研，结合前面对战略性新兴产业的主要影响因素的定性分析，本节从生态位适宜度的角度，对上述要素的对应的资源生态位、技术生态位、市场生态位、服务生态位、制度生态位等进行定量分析，探究影响集群发展的生态位维度，评价战略性新兴产业集群发展环境。

本节结合战略性新兴产业的特点，以及前面对生态位“态”和“势”理论的分析，从技术、市场、制度、服务、资源等方面，梳理、总结与提取5个方面的生态势维度，结合前面分析，细化为具体指标（即生态势因子，与前面的影响因素对应，下一步采集、计算数据的方向），由此构建了较为系统、全面的战略性新兴产业集群生态适宜度评价指标体系，具体见表6－1。

表6－1 战略性新兴产业集群生态适宜度评价指标体系

评价目标	生态势维度	生态势因子
战略性新兴产业集群生态适宜度	资源生态位	企业数
		从业人员
		固定资产投资
		资产总计
	技术生态位	科技经费支出总额
		专利数（授权）
		科技活动人员
	市场生态位	新产品销售收入
		产品销售收入
		技术收入
		商品销售收入
		扣除新产品后的产品销售收入
		其他收入
	服务生态位	社会资本
		企业入孵化器数
		孵化器数
		企业入孵化器数占企业总数比例
	制度生态位	外商实际投资
		进口总额
		出口总额

如表6-1所示，建立战略性新兴产业集群生态适宜度评价指标体系的目的，是为了更科学、准确地衡量该类集群发展的生态位适宜度，更直观地反映各种生态势因子对战略性新兴产业集群发展的影响程度，也可以反映同一时期，该类产业集群存在的不足、竞争力优势以及持续发展能力等，为进一步促进该类产业集群发展提供决策依据。

6.1.2 基于主成分分析的指标权重确定

为了消除各类生态位指标值差异造成的数据偏差，最终造成评价结果不明显、不准确，首先对数据进行无量纲化处理，具体计算为：结合一些学者研究基础（唐建荣等，2015），本节采用算式 $L'_{mn}=(L_{mn}-L_{n\min})/(L_{n\max}-L_{n\min})$ 进行处理。其中，L'_{mn} 表示产业集群内各生态势因子的现实生态位，$L_{n\max}$、$L_{n\min}$ 分别表示表示 L_{mn} 中第 n 个生态势因子序列的最大值和最小值。

经过无量纲化处理后，通过主成分分析计算出每个指标在各个主成分现行组合的系数以及主成分的方差贡献率，按照 $\omega_i=S_{ni}/\sum^{n}S_{ni}$ 确定权重，其中 $S_{ni}=\sum^{n}S_nV_{ni}$，s_n 表示指标 L_{mn} 在主成分中的综合重要度。

6.1.3 产业集群发展适宜度评价模型

战略性新兴产业集群生态位适宜度反映出该类产业集群发展中现实生态位与最适生态位的贴合度。设定评价过程中，共有 m 个地区，每个地区的战略性新兴产业集群有 n 个生态位适宜度影响因素。其中，用 L_{ij}（$i=1,2,3,\cdots,m$；$j=1,2,3,\cdots,n$）表示第 i 个地区、第 j 个生态势因子上的实际数据。在战略性新兴产业集群生态位适宜度评价中，本节根据评价指标体系构建该类产业集群生态位适宜度评价模型，如式（6.1）所示：

$$\mathrm{Fine}_i = \sum_{j=1}^{n} \omega_j \frac{\min\{\,|L'_{ij} - L_{aj}|\,\} + \alpha \max\{\,|L'_{ij} - L_{aj}|\,\}}{|L'_{ij} - L_{aj}| + \alpha \max\{\,|L'_{ij} - L_{aj}|\,\}} \tag{6.1}$$

式（6.1）中，Fine_i 表示第 i 个地区战略性新兴产业集群生态位适宜度值，ω_j 表示该产业集群各个生态势因子权重，L'_{ij}表示该产业集群生态势因子现实生态位，L_{aj}表示该产业集群各生态势因子最适生态位，$\alpha(0\leqslant\alpha\leqslant1)$为模型参数。通过计算后的每个生态势因子权重值 ω_j 带入式（6.1）中，则可以计算出战略性新兴产业集群的资源生态位、技术生态位、市场生态位、集群发展生态位以及综合生态位适宜度，以下对其计算过程进行说明。

（1）计算最佳生态位因素。

$$L_{aj} = \max L'_{ij},\ j=1,\ 2,\ \cdots,\ n \tag{6.2}$$

式（6.2）中，$L_{aj}(j=1,\ 2,\ \cdots,\ n)$ 表示第 j 个生态势因子最佳生态位，L'_{ij}表示第 i 个产业集群发展生态势因子 j 的现实生态位。

（2）确定态位适宜度模型中参数 α 值。

$\alpha(0\leqslant\alpha\leqslant1)$ 为模型参数，该参数的确定根据 $\mathrm{Fine}_i=0.5$ 计算确定，计算过程如下：

$$\delta_{ij} = |L'_{ij} - L_{aj}|,\ i=1,\ 2,\ \cdots,\ m;\ j=1,\ 2,\ \cdots,\ n$$

$$\delta_{\max} = \max\{\delta_{ij}\};\ \delta_{\min} = \min\{\delta_{ij}\}$$

当 $\delta_{ij}=\overline{\delta_{ij}}$，$\mathrm{Fine}_i=0.5$，$\overline{\delta_{ij}} = \frac{1}{mn}\sum_{i=1}^{m}\sum_{j=1}^{n}\delta_{ij}$

$$\alpha = \frac{\overline{\delta_{ij}} - 2\delta_{\min}}{\delta_{\max}} \tag{6.3}$$

（3）计算进化动量 EVO。

$$\mathrm{EVO}_i = \sqrt{\frac{\sum_{i=1}^{n} |L'_{ij} - L_{aj}|}{n}},\ i=1,\ 2,\ \cdots,\ m;\ j=1,\ 2,\ \cdots,\ n \tag{6.4}$$

在上述评价模型中，进化动量 EVO_i 表示：在战略性新兴产业集群发展中，集群某项指标的现实生态位与理想状态（最适生态位）的趋向强度。具体表述为：如果现实生态位与最适生态位之间差距较大时，则进化动量越大，其值越大；反之，这进化动量值较小。

因此，产业集群的生态位适宜度在一定程度上反映出该区域内战略性新兴产业发展环境的优劣情况：如果区域内的某个集群生态位适宜度越高，表明该产业集群环境利于战略性新兴产业集群发展；反之，如果生态位适宜度越低，则表明产业环境不适于战略性新兴产业的集群发展（唐建荣等，2015）。

6.2 评价指标的权重设定

为验证上述指标体系和评价模型，同时，考虑到数据的连续性，本节通过对比北京中关村、武汉东湖、上海张江等园区的发展数据，选取了北京市八大战略性新兴产业园区（主要包括海淀园、丰台园、昌平园、电子城、亦庄园、石景山园、通州园和大兴基地）作为研究对象（由于服务生态位涉及指标属于最近几年新增指标，缺乏连续性和统计，数据缺失较多，不适于开展研究。因此，本节暂不考虑，主要分析资源生态位、技术生态位、市场生态位和制度生态位），开展战略性新兴产业集群生态位适宜度实证。

通过收集北京市主要园区 2013 年的各项指标数据，根据上述的主成分分析确定权重的方法得出每个评价指标的权重，计算结果如表 6 – 2 所示：

表 6-2　　战略性新兴产业集群发展评价指标权重

评价目标	生态势要素	生态势因子	权重
战略性新兴产业集群发展的适宜度	资源生态位	企业数	0.1290
		从业人员	0.0622
		固定资产投资	0.0290
		资产总计	0.0423
	技术生态位	科技经费支出总额	0.0860
		专利数（授权）	0.0584
		科技活动人员	0.1338
	制度生态位	外商实际投资	0.0808
		进口总额	0.0454
		出口总额	0.0499
	市场生态位	新产品销售收入	0.0182
		产品销售收入	0.0212
		技术收入	0.1079
		商品销售收入	0.0120
		扣除新产品后的产品销售收入	0.0886
		其他收入	0.0353

6.3 实证研究及结果分析

6.3.1 集群生态位适宜度测算

根据前面建立的评价指标体系和构建的评价模型，收集、整理各项指标数据（主要来自中关村国家自主创新示范区 2013～2016 年的统计年鉴）。通过计算上述数据，可测算出战略性新兴产业集群发展生态适宜度水平。

对相关的指标进行无量纲化处理后，将表 6－2 的权重值 ω_j 代入适宜度测算模型，经过公式测算后的 $\alpha = 0.7124$，$\delta_{max} = 1$，$\delta_{min} = 0$。代入到模型中，可得：

$$\mathrm{Fine}_i = \sum_{j=1}^{16} \omega_j \frac{0.7124}{|L'_{ij} - L_{aj}| + 0.7124}$$

$$\mathrm{EVO}_i = \sqrt{\frac{\sum_{j=1}^{16} |L'_{ij} - L_{aj}|}{16}},\ i = 1,\ 2,\ \cdots,\ 8;\ j = 1,\ 2,\ \cdots,\ 16$$

经过测算得出的生态位适宜度值和进化动量值如表 6－3 所示。

表 6－3　北京市园区战略性新兴产业集群发展生态位适宜度及进化动量

因子	海淀园	丰台园	昌平园	电子城	亦庄园	石景山园	通州园	大兴基地
资源生态位适宜度	0.262 (1)	0.124 (2)	0.124 (2)	0.121 (3)	0.121 (3)	0.113 (4)	0.111 (5)	0.111 (5)
技术生态位适宜度	0.278 (1)	0.123 (4)	0.126 (3)	0.134 (2)	0.126 (3)	0.120 (5)	0.118 (6)	0.117 (7)
制度生态位适宜度	0.176 (1)	0.078 (4)	0.077 (5)	0.087 (3)	0.130 (2)	0.075 (6)	0.074 (7)	0.074 (7)
市场生态位适宜度	0.283 (1)	0.139 (4)	0.132 (5)	0.277 (2)	0.140 (3)	0.125 (6)	0.120 (7)	0.119 (8)
综合生态位适宜度	1.000 (1)	0.464 (4)	0.459 (5)	0.619 (2)	0.517 (3)	0.433 (6)	0.422 (7)	0.421 (8)
进化动量	0.205 (8)	0.892 (5)	0.913 (4)	0.828 (7)	0.837 (6)	0.983 (3)	1.006 (2)	1.010 (1)

按照资源生态位、技术生态位、制度生态位、市场生态位、综合生态位、进化动量等指标，将上述 8 大园区的生态位适宜度数据部署在雷达图上，见图 6－1，可以进一步分析各园区的单项发展指标和综合指标。

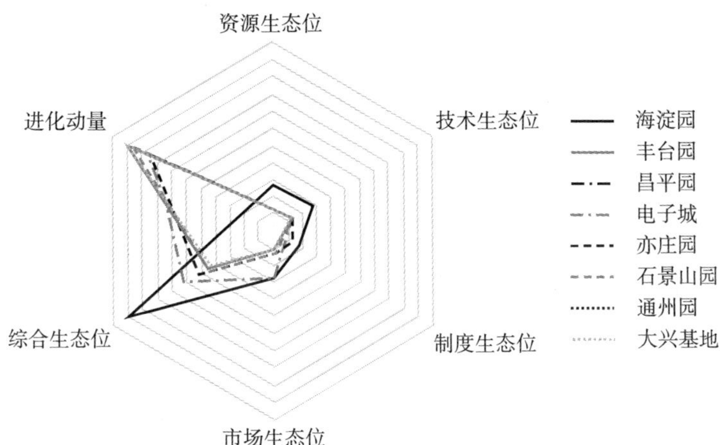

图6－1　北京市园区战略性新兴产业集群发展评价雷达

根据表6－3和图6－1的分析结果，可以发现：北京市的各大园区综合生态位适宜度排名从前往后分别为：海淀园、电子城、亦庄园、丰台园、昌平园、石景山园、通州园、大兴基地。其中海淀园作为中关村核心区域，在资源、技术、市场、制度以及综合生态位适宜度高居榜首，优势相对于其他园区较为明显；电子城紧随其后，各项指标的生态位适宜度位居第二；电子城和亦庄园的生态位适宜度明显比丰台园、昌平园、石景山园以及通州园高，但不及海淀园；丰台园、昌平园、石景山园以及通州园的资源、市场、技术生态位及集群发展综合适宜度十分接近，差距仅在0.1～0.2之间。

进化动量数值则与园区综合生态位适宜度成反比，具体表现为：大兴基地的综合生态位适宜度位居榜尾，在进化动量上远远领先其他园区。大兴基地、通州园以及石景山园在进化动量数值上居前三，生态适宜度具有较大改善空间这表明上述三个园区的发展还存在“先天不足”，但是随着战略性新兴产业集群中资源的不断整合，强化发展优势，处于生态位“劣势”的园区也有望升级蜕变。

6.3.2 产业集群发展生态位适宜度聚类结果分析

为更直观地反映战略性新兴产业在北京市中关村8大园区集群发展适宜度的差异，本节使用SPSS 22.0对北京市中关村8大园区的战略性新兴产业集群发展综合生态位适宜度进行聚类分析（见图6-2）。同时，为进一步对比各个园区生态位，更好地把握战略性新兴产业集群生态位之间的协调性，结合不同园区的不同产业优势、经济社会发展状况、产业发展状况及空间分布等情况将其分为3类（见表6-4）。

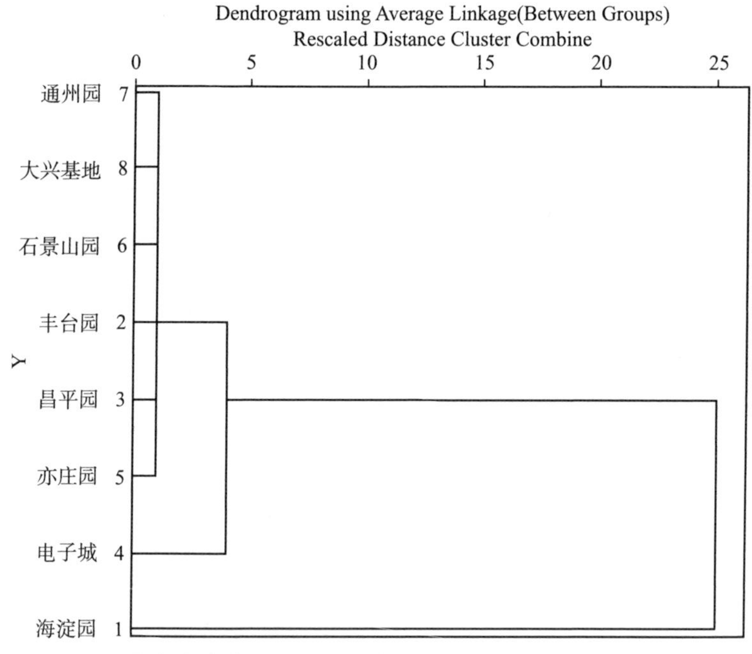

图6-2 北京市中关村8大园区战略性新兴产业集群发展聚类分析

表6－4　　北京市中关村8大园区聚类分析结果

类别	园区名称
第一类	海淀园
第二类	电子城、亦庄园
第三类	昌平园、丰台园、石景山园、大兴基地、通州园

如图6－1和表6－4所示，海淀园为第一类，电子城和亦庄园为第二类，昌平园、丰台园、石景山园、大兴基地以及通州园为第三类。

6.3.3　研究结论与管理启示

通过对北京市中关村8个园区的战略性新兴产业集群生态位适宜度开展评价以及聚类分析，不难发现：不同园区的战略性新兴产业发展差异较大。三类园区的综合生态位值呈现出明显的阶梯状，第一类园区处于最高的第三级阶梯，第二类园区处于中间的第二级阶梯，第三类园区处于最低的第一级阶梯。如表6－3所示，与大兴基地以及通州园相比，海淀园的综合生态位适宜度差值达到了0.5左右，在资源、技术、市场以及制度“势”上的生态位值都明显优于其他园区，其综合评价值达到通州园以及石景山园的2倍，具有明显的竞争优势。第二类园区中亦庄园和电子城在技术“势”、市场“势”以及制度“势”上虽然落后于海淀园，但生态位数值却达到第三类园区的2倍，与之拉开明显的差距。另外，亦庄园在制度“势”上与海淀园差距较小，同类中的电子城在市场“势”与海淀园的差距也较小，但是亦庄园在技术、市场以及资源生态“势”上的“短板”制约其战略性新兴产业集群的发展，电子城除了市场生态“势”，其他的三个生态“势”都存在明显的劣势而影响其发展。

综上所述，从整体来看，北京中关村8个园区的战略性新兴产业集群中，海淀园经多年的积累与发展，形成了“先发”优势，属于“领头羊”，其他的园区尚处于集群培育初期，生态位因素存在较为明显的“短板”，其中“短板”较少的亦庄园和电子城与海淀园虽然存在差距但数值差距小。从总体来看，所有的第三类园区差距相较海淀园都比较大，这也表明中关村在实施“一区多园”的空间拓展过程中，尚需加大投入补“短板”。

基于上述研究结论，可以得到如下启示：

第一，区域之间协同发展，借鉴优势补足短板。

根据表6－3所示，昌平园在资源技术生态“势”上排名第二，市场和制度生态势排名比较靠后，但从空间地理位置来看，与其他几个园区相比，昌平园与海淀园距离最近。因此，昌平园可以在制度与市场机制建设方面，借鉴海淀园在管理、制度等方面的“先发”经验补“短板”。另外，通州园和大兴基地在四个生态“势”方面均处于劣势，综合生态位排名处于最后两位，电子城的战略性新兴产业主要以电子信息、新能源、通信制造以及医疗器械制造为主，大兴基地、亦庄园以及通州园三个园区同样将医疗器械制造作为战略性新兴主导产业之一，考虑到电子城和通州园、亦庄园和大兴基地也存在地理临近性，因此，可以强化与临近园区之间的合作，构建共生发展关系，发挥区域合作优势（如人才流动、设备共享等），借助于海淀园区的“先发”经验推动集群快速发展。

第二，注重生态位协同培育，优化集群发展环境。

在中关村的8大园区中，海淀园、电子城、丰台园以及亦庄园位于中关村核心区域，形成了区位、人才、制度等优势，各类产业发展优势明显。这4个园区形成了北京市中关村八大园区中的核心环，通过分工与协作，弥补生态位劣势，摆脱生态位培育“短板”，在市场、技术、资源生态势上均处于明显优势地位。下一步，上述四个园区可以进一步强化协同，实现资源、技术、市场、制度等协同发展，将有望牵引整个中关村产业集群快速发展。另外，丰台园和亦庄园在资源生态势方面

“不分伯仲”，通过快速弥补技术、市场等发展“短板”，园区有望实现快速发展。

海淀园在市场、资源、技术以及制度生态位适宜度上都遥遥领先，生态位协同发展程度较好。海淀园生态位适宜度高表明其生态适应能力强，具有较强的持续发展能力。由于综合生态位适宜度体量较大，所以进化动能相对较小，为了保持必要的增速，海淀园作为中关村园区中的“旗舰”园区应该抓紧布局规划移动互联网产业、集成电路设计以及云计算、生物医药、文化产业以及新能源产业，继续在资源、市场、技术以及制度生态位上保持协同发展，提升园区的竞争力。

电子城和亦庄园属于第二类园区，这类园区在资源、市场、技术以及制度生态位适宜度比较高。这两个园区属于资源禀赋型园区，电子城依靠集成电路产业闻名全国，园区聚集了大量的相关企业以及人才。现阶段，该园区将战略性新兴产业中的电子信息以及通信设备作为主导产业（属于高附加值产业），不断强化资源生态位和市场生态位，打造园区生态位优势。而亦庄园则重点培育战略性新兴产业中的生物医药产业，实现错位发展，并通过与高校、科研院所合作，引进大量科研人员，在原有的产业基础上强化资源生态位和技术生态位，推动集群发展。

昌平园、通州园、石景山园以及大兴基地在进化动量上占据前四，说明这 4 大园区发展具有较大潜力，但是受空间地理限制、政策激励不充分等影响，目前上述 4 个园区的发展尚未取得较好的生态位配置效果。以昌平园为例，其资源生态位排名 8 大园区中的第二位，该园生物医药产业发展较好，并通过军民产业融合发展，增强资源生态位配置优势，但该园的技术、市场以及制度生态位未能及时跟进，导致其综合生态位排名屈居第五名。因此，如果昌平园注重各类生态位的协同培育，创新发展模式，将有望实现跨越式的发展。

6.4 本章小结

本章结合产业集群发展中的影响因素，从资源生态位、技术生态位、市场生态位、制度生态位等方面选择合适指标，构建集群发展的生态位适宜度评价模型，结合北京中关村各类园区的典型案例及数据，评价战略性新兴产业集群生态位适宜度，揭示各类生态位综合配置优化的条件，为集群生态位的培育以及集群发展环境的优化提供了理论参考依据。

第7章

基于生态位治理的产业集群协同发展机制研究

综上所述，战略性新兴产业对于发展地方经济、建设创新型国家、推动社会进步乃至国家经济结构转型与升级等都具有重大战略意义和现实价值。作为“后发”国家，受知识、技术、资本、市场等诸多要素影响，我国的战略性新兴产业集群发展中还面临诸多问题亟须治理。

从生态学角度来看，战略性新兴产业集群成长路径与传统产业集群发展具有相似性，也存在一些新特征（如技术、知识、资本等在集群发展中的地位差异等）。基于一些学者对生态位关系协同分析、生态位因素协同分析、生态位适宜度评价等研究启示和结论（汪克强，2013；霍国庆等，2017），不难发现：要推动战略性新兴产业集群的跨越式发展，就需要充分协调好创新与创业的关系，协调好集群内资源、技术、市场、服务、制度等各种关系，协调好集群与外部环境之间的关系，重点要以科技创新和市场培育为切入点，要解决好科技创新与经济发展过程中的“两张皮”问题。

基于此，本章结合前面分析过程及研究结论，针对战略性新兴产业集群发展过程中的创新生态系统演化、协同创新、商业模式创新、全球化竞合等关键环节，从生态学角度，分析我国战略性新兴产业集群发展

"短板"，明确推动战略性新兴产业集群发展的"抓手"。

7.1 基于生态视角的产业集群协同发展机制分析

7.1.1 基于生态链协同发展的创新生态系统演化机制

基于传统生态学理论，生态链是生态系统中围绕核心节点按照各自的功能及特点形成链状（或者网状结构），利用信息、物质、能量等有效流通，维持并推动生态系统发展，这种结构即为生态链，由各种生物种群构成不同的生物链并形成生态系统。在外界环境的影响下，这类系统不断适应、调整、演化。因此，外界环境是生物群落演化的主导力量，在外界环境各种影响下，生态系统中的生物种群遵循"物竞天择、适者生存、不适者淘汰"的法则，优势种群逐渐淘汰劣势种群，成为生态系统的核心主导力量，由此改变种群的质量和数量，实现系统的演化。

创新生态系统是该类产业集群的典型标志和演化的核心力量，其形成和演化过程与传统的自然生态系统具有相似之处：在战略性新兴产业创新系统培育与演化过程中，各类主体（如新创企业、高校、科研院所、供应商等）的组织边界相对比较模糊，通过协调系统中不同主体间的知识、技术、人才等要素流动，构建知识链、创新链和价值链，并利用风险共担、利益共享、相互合作等机制，适应环境变化，也适当影响环境，在相互作用下，推动集群的协同发展。

结合前节研究基础，不难发现：战略性新兴产业集群的发展也是一个长期、复杂的演化过程。在演变过程中，处于核心地位的优势种群（如政府、企业、高校等均存在一定比较优势）往往对集群各类其他种群起着调整作用，如控制集群中的网络结构、抑制劣势群体发展等，具体表现为：在战略性新兴产业集群发展的萌芽期（或种子期），新创企业力量弱小，尚未形成引导市场的力量，其发展模式往往是“政府主导”，政府充当该类产业集群发展的主导角色。在此背景下，政府作为核心力量，可以帮助构建并完善集群的知识生态链、创新生态链和价值链；在战略性新兴产业集群发展的初期（或者培育期），新创企业逐渐形成力量，其发展模式变为“政府引导与市场主导”，新创企业逐渐成为产业集群发展的重要力量。在此背景下，可以通过优化系统中资源配置，实现知识生态链（如发挥好知识的转移、转化等特性）、创新生态链和价值链的协同发展，推动系统中的优势种群向顶级种群演化，同时优化并吸引更多的优质种群进入系统，发展壮大规模，推动集群协同发展。

因此，在外界环境影响下，通过不断改变、优化集群发展的核心主导力量，调整种群种类、规模以及关系，促进知识生态链、创新生态链和价值链的协同发展，不断优化集群的种群结构，达到新的均衡，由此增强内生动力，实现创新驱动发展，有望推动创新生态系统的演化，推动集群协调发展。

7.1.2　基于共生的协同创新治理机制

近年来，随着创新驱动发展战略的不断推进，各级政府、市场主体（如战略性新创企业等）相继在各个领域、层次发力，在不同地区、不同产业内培育并形成了一批高科技性、高创新性的自主创新示范区（如北京中关村、武汉东湖高新区等），积累了一些经验。通过对比各地区发展经验，从总的来看，各产业的遴选、培育与发展，应当充分结合该区域环境支撑能力、产业承载力与技术成熟度等综合情况。因此，本节基于前面分析结论，结合生态演化理论、协同演化理论等，探讨培育与壮大该类产业集群的协同创新治理机制。

生态学中共生概念原指生态系统中的两种或两种以上生物各自不能

独立生活，为了生存的需要，必然构建相互依存、相互作用和协同演化的关系，由此形成共生模式。近年来，该理论逐渐被引入社会治理、经济管理等领域，用于描述多主体之间的交互、演化及均衡关系（张雷勇等，2013）。根据该类产业集群发展过程规律，以及我国培育与壮大该类产业集群的面临的国情，本节提出通过链内协同创新与链间协同创新并举的生态治理机制，充分发挥该类产业引领性、辐射性。

（1）链内协同创新助推单个产业发展。

有别于传统产业，该类产业的发展由具有自主知识产权的核心知识与关键技术驱动，要实现该类产业的快速突破与发展，必须坚持自主创新，并在重大科技（或重大发展需求）上实现突破。因此，该类产业集群培育与壮大的“发力点”首先就是要开展原始创新并在关键核心技术上实现突破与储备，而集群中的战略性新创企业往往就是掌握这类技术的企业，是核心主体，他们具有积极开拓与创新精神，持续培育与开发的产品，往往具有较大的市场潜力，将来有望引导、聚集其他组织（如配套企业、高校、科研院所），并带动各类组织形成产业生态系统，促进共同成长。同时，从企业成长阶段来看，这类企业往往又属于中小企业（甚至微型企业），普遍存在资金匮乏、人才配置与市场拓展经验不足等现实问题，进而影响其开展深度科技创新、成果转化以及市场扩散。因此，要推动该类产业集群的发展，首先应当遴选并培育壮大一批战略性新创企业（尤其是“独角兽企业”“瞪羚企业”等）。作为新创企业，其发展能力、盈利能力、运营能力、负债能力等存在显著差异，在核心企业的遴选与培育过程中，除了考察企业对关键技术掌握情况以外，还应该充分考察企业的创新精神、持续创新能力、知识产权的保护和管理能力、“工匠”精神等。

除此之外，由于不同地区资源禀赋、产业创新能力、组织协调、产业环境等存在较大差异，结合前面对战略性新兴产业集群形成、演化及框架的分析，不难发现：新兴产业发展受核心体系、支撑体系和外环境体系等生态的综合影响。因此，在遴选核心的战略性新创企业时，并不一定仅仅选择掌握先进技术的企业，要综合产业配套、支撑环境和外环境等系列因素，充分考虑战略性新创企业具有的生态位优势、生态位演化机理、生态位适宜度等系列要素，考虑该类企业在聚集创新资源和引领产业链发展的作用，发挥多主体的共生效应，积极推动产业技术协同创新，利用自主创新实现重大技术突破。

除了遴选战略性新创企业培育市场主体以外，为壮大战略性新兴产业集群，政府要做好政策制定与营造良好环境，提供优良的公共服务环境（如开展技术预见与制度创新等），协调各方利益积极促成“多边形”的支撑体系建设，形成多主体共生的创新与创业生态系统。如作为战略性新兴产业集群的自主创新示范区域——中关村，从实施“一区一园”到演化为“一区多园”战略中，对接全球战略性新兴产业发展的前沿和焦点，着眼于全球化发展，结合自身在资源、技术、政策、知识等方面的优势，积极把握大数据、云计算等带来的战略机遇。其中，在培育大数据产业时，除了遴选与培育一批大数据产业领军企业，还聚合新创企业、科研院所、投资机构、政府等力量，构建大数据产业联盟，积累政、产、学、研等资源向关键环节转移，在创新资金投入、关键技术研究、平台建设开发等方面进行全方位布局，打造产业创新生态系统，推动链条中各个主体的共生发展；同时，不断支持联盟内的数据开发共享，培育大数据应用市场，开展协同创新，构建产业技术创新链，打造最具活力的大数据产业生态系统，形成一批在全球有影响的技术、产品和产业，培育和壮大大数据产业。

（2）链间协同创新助推产业生态体系培育与壮大。

随着全球化进程的加快，新一轮的科技进步与产业革命呈现出单点突破、整体协调、快速发展等系列特征，新兴产业的发展是多项技术创新、生产加工、产品扩散等的综合结果，是多个产业相互影响的结果。从新一轮的产业革命来看，国家（或者区域）产业的竞争取决于供应链、产业链乃至产业生态系统之间的竞争，构建系统、完整、协调、高端的产业生态系统，推动各类组织间共生发展是各国、各地区产业具有竞争力的标志。因此，当前阶段，我国的战略性新兴产业要实现快速发展，既要依托单项核心技术的快速突破，又要通过融合多个产业领域的多项相关技术相互配合，通过搭建产业生态系统，整合不同产业链中的信息、知识、技术、资金、人才等创新与产业资源，使新兴产业获得类似生态系统中生物具有的生存、进化、繁殖等能力。这一发展规律在国外的新兴产业发展中也得到了印证，如日本在发展新干线高速铁路系统时，虽然产业中单项技术指标相对落后，但其整合机械、电子、空气动力学等多个产业中的多项技术，推动各产业协调发展，实现了高速铁路产业快速发展。同样，美国在发展新一轮经济时，依托技术与产业优势，利用颠覆式创新、原始创新等构建创新生态链和高端产业系统，推动经济社会和产业结构不断演化。

至改革开放以来，我国经济持续、高速增长，但作为“后发”国家，技术储备不足，大量“高”“精”“尖”技术产业还缺乏自主知识产权以及创新整合能力，在一些领域仍然缺少自主创新能力和协调能力，在全球产业链布局中造成“被分工”“被选择”等格局，呈现出“强经济、弱竞争力”，部分领域甚至处于低端滑落、低端锁定等被动局面，在国际竞争中缺少“话语权”。同时，在发展战略性新兴产业集群过程中，相对完整的、系统的、协调的产业生态体系尚未形成。为此，我国制定战略性新兴产业发展战略，在新一代信息技术等多个领域全面推进我国战略性新兴产业发展，在这一总体布局下，必须更加注重各产业间、集群间的协同创新，发挥整体调控作用，聚集创新要素、集成产业资源、推动深度共享，打造与该类产业集群发展相适应的知识链、创新链、资金链、产业链等，构建良好的创新生态系统与创业生态系统。从北京中关村、武汉东湖等自主创新示范区快速发展的历程来看，从实施“一区一园”到演化为“一区多园”路径中，就印证了上述规律。

综上所述，作为“后发”国家，不解决产业链内以及链间的协同创新问题，就很难拥有自主创新的核心技术，发展速度也会受到较大影响，战略性新兴产业就缺失了生存和发展的基础生态条件；而通过共生协同创新，推动产业链内和链间个主体的相互依存、互相作用，有利于弥补单个产业链创新资源不足、人才与技术支撑不足等问题，进而推动多个产业实现快速协同发展，有望实现“弯道超车”。

7.1.3　基于再生的商业模式创新协同机制

对比人类发展过程中的历次产业革命，不难发现：当今的产业革命具有科学技术社会化性质，表现出科学性、技术性、经济性和社会性等并存特点：一方面，以知识经济为代表的新兴产业革命会推动经济与社会结构的深刻变革；另一方面，经济与社会发展的时代条件又制约新兴产业革命。现阶段，科学技术研究与应用同时得到前所未有的重视，通过不同主体高投入，实现高产出与高速发展。然而新兴产业发展是一个技术创新、产品开发、市场扩散等综合集成过程，在发展过程中，商业模式创新不足或缺失，将影响该类产业的利润增加（或滞后），有可能进入“创新陷阱”，导致出现“强科技、弱经济”，进而使该类产业在市场竞争中处于不利地位，制约新一轮的创新投入，造成产业深度演化困难，难以形成良性循环。因此，推动技术创新与商业模式创新的协同，重视需求端对新兴产业的拉动作用，有望为战略性新兴产业发展提供强大动力。

生态学中的再生概念原指某一生物整体（或器官）受损，利用自身能力长出与原有相似的形态和功能结构。战略性新兴产业集群兼具“战略性产业”和“新兴产业”的特点，其产业发展是一个融合科技创新、产品开发、市场推广和产业化的系列过程，产业的生存是该类产业集群面临的首要问题，市场需求往往比技术创新更为重要（欧阳桃花等，2015），该类产业集群在初创期往往面临较小的市场空间，在发展过程中既要得到用户的认同，又要面对传统产业的挤压，因此，其发展壮大往往需要较长时间的市场培育并不断调整其商业模式。从微观层面来看，商业模式是指公司进行商业活动的方式，说明了企业如何创造价值和交付给顾客，以及将获得的收入转化为利润（Hamel，2000；Zott et al.，2011）。近年来，我国在新能源、大数据、物联网等一批战略性新兴产业领域实现了大量技术突破，开发了系列产品，但同时结合我国国情，实现商业模式创新，并得到市场验证与认同的却寥寥无几，进而导致创新链形成低效率均衡，甚至中断，严重影响创新效率和效果。因此，如何协调好科技创新、技术进步与商业模式创新关系（即再生商业模式），推动创新链协同发展，是破解战略性新兴产业集群发展中科技与经济“两张皮”问题的关键。

从国外发达国家战略性新兴产业集群以及国内部分高新技术企业实现跨越式发展经验来看，与战略性新兴产业相匹配的商业模式设计、调整和再生要与产业发展和经济转型相匹配、要适应经济社会的发展需求、要有利于推动产业发展和拉动经济转型。而且从微观上看，单纯的技术创新有可能逐渐与市场脱节，进入“创新陷阱”（从近年来，日本制造业发展就印证了上述规律），已经很难取得商业成功，而将科技、创新、管理、企业文化等进行集成，则有望再生商业模式，使新兴产业摆脱消费者对传统商品消费行为的锁定，开拓并牢牢把握新市场，进而避开“创新陷阱”。如苹果公司开展商业模式创新，创立了一种横跨通信、信息和娱乐领域的崭新业态，通过开展 7 项创新推出 iPod，其最成功之处在于商业模式创新——与供应商一道推出音乐软件下载平台（汪克强，2013）。又如中国的小米手机针对中国高速发展的智能手机应用市场，以用户需求为导向，建立一个基于互联网的完整生态圈，其中，在产业设计方面，基于互联网构建创新生态系统，小米系列手机基本上配置能满足大多数用户的需求，实现流畅的用户体验；在营销方面，开创了手机网销和类似团购的模式，通过商业模式创新，实现了销售规模和经济效益的双丰收。

7.1.4　基于共栖的全球竞争合作协同机制

全球化是当今世界经济发展的显著特征和普遍规律，也是战略性新兴产业存在的战略价值和必须面对的现实问题，全球化条件下的新兴产业发展必然要参与全球范围内的竞争与合作（汪克强，2013），而作为各国、各地区未来发展方向的战略性新兴产业更是全球竞争与合作的焦点。近年来，开放式创新已经成为落实创新驱动发展战略的重要模式。在政府引导和市场主导的双重作用下，我国发展战略性新兴产业集群在发展速度、市场规模、经济效益等方面取得了长足进步，并利用当前世界经济格局大调整的“时间窗口”，发展“制度型市场”，实现了跨越式发展，如通过政策导向，培育高铁产业，该产业已经立足国内市场，走出国门。

生态学中的共栖概念原指生态系统中两种生物或两种以上的生物原本都能够独立生存，生活在一起后，对一方有利，对另一方也无害，或者对双方都有利。当战略性新兴产业集群迈过初创期，在技术、市场、管理等方面形成一定积累时，将形成产业生态系统，并通过持续演化，向成长期、成熟期等迈进，产业技术水平和产业竞争力也将得到持续提升。这时，战略性新兴产业集群的培育与壮大应遵循共栖原则——把握经济全球化的新特点，以产业发展需求为导向，主动布局和利用国际创新资源，在研发服务外包、新型研发机构构建、国际标准制定等开展多层次、多渠道、多方式的国际科技合作交流；通过向境外发行股票、债券等，提高国际投融资水平和质量；在技术和服务、重点产品等领域开拓国际市场，实施跨国经营。由此，在科技创新、投融资、进出口等领域，利用共栖准则，整合和利用人才、技术、资金等全球资源，赢得战略性新兴产业在国际竞合中的话语权与控制权，实现全球化资源配置。

近年来，我国在光伏发电、高铁、风电装备、通信等领域已经初步形成了国际竞争力，逐渐“走出国门”，打开国际市场。但是，国际市场的深度拓展必须依靠产业发展实力，我国战略性新兴产业在全球化竞争中要立于不败之地，关键是要通过科技创新与产业发展，利用竞争与合作的协同，形成以颠覆式创新、自主创新为驱动的创新生态系统、产业生态系统，培育参与全球竞争与合作的实力。近年来，我国中兴通讯、阿里巴巴、百度、腾讯等在全球化发展中，遭遇发达国家的遏制，其根本原因是发达国家考虑到这上述领域属于战略性产业（如在5G技术领域，中兴已经被认为对美国构成了危险等），为维护国家的核心利益和服务于国家战略，限制中兴通讯、阿里巴巴、百度、腾讯等企业的扩散，打压、遏制中国高科技企业，这与当年美国遏制日本东芝公司，由此产生的“东芝事件”类似。因此，作为“后发”国家，我国的战略性新兴产业参与全球竞争和合作，还任重道远。

7.2 管理启示

综上所述，在知识经济时代，传统经济发展模式下的产业、企业、部门等分割形成的信息孤岛、“占山为王”的模式必将被共生、再生、共栖的生态发展模式所取代。战略性新兴产业是新经济发展的“试金石”，作为“后发”国家，我国的战略性新兴产业集群仍处于“政府引导与市场主导”的初级发展阶段，构建的创新生态系统和产业生态系统尚未完成释放“创新”价值，其发展权尚未完全交给市场，要将“使市场在资源配置中起决定性作用”落实到战略性新兴产业集群具体发展过程中，还有一定距离。结合前面研究，提出以下对策建议：

第一，随着我国的改革逐渐进入“深水区”，部分创新领域进入“无人区”，作为当前战略性新兴产业集群引导者的政府，首先要针对产业集群因“期”施“政”，要根据集群所处阶段及特征，开展体制机制创新，改变传统的“金字塔式”组织结构与管理方式，强化中央政府与地方政府在产业规划、政策执行等方面的有机协调，推动各地区、各产业实现错位发展；在战略性新兴产业发展过程中，在考评制度、科技制度、市场制度、融资制度等方面建立跨部门、整合联动的产业管理与服务体制，避免政策碎片化，打造开放、融合、高效、顺畅的生态管理系统，使集群进一步享受“特区政策”。

第二，从政府、市场等多角度出发，要建立并完善制度—技术、制度—市场等衔接机制以及资源供给机制、服务机制等，以技术和制度为切入点，引导创新行为、资源配置等，以消解产业技术储备不足与市场培育相对滞后并存等“瓶颈”问题，促进战略性新兴产业创新生态系统和创业生态系统的演进。

第三，进一步加强产业技术预见，强化对产业技术研发总体规划和部署，强化研发投入，保障科技创新与成果转化。同时，重点推动教育、人才、投资等关键支撑要素改革与创新，推动新兴产业与教育、金融等的跨界融合发展，推动和完善新兴产业健康发展的生态支撑体系，支持新兴产业发展。

第四，要着力引导战略性新创企业、高校、科研院所等参与到产业集群治理过程中，充分发挥好大、中、小企业在科技创新中的不同作用，构建多元化、多层次的产业集群治理机制，打造一个鼓励创新、创业的产业生态支撑环境，形成政府、新创企业、高校、科研院所以及外部环境互联互通、相互支撑的产业生态循环体系。

综上所述，基于生态链协同发展实现创新生态系统演化、利用共生模式开展协同创新，利用再生模式开展商业模式创新，利用共栖模式开展全球化的竞合，在此发展战略的“多轮驱动”下，使一大批新创企业、技术平台和产业基地在行业关键技术、商业模式等方面实现突破，进而推动我国战略性新兴产业集群快速发展，充分发挥其在国民经济结构转型升级中的重大作用。

7.3 本章小结

集群化是战略性新兴产业发展的重要模式和主要路径，其发展过程受到政府和市场的双重影响，在技术创新、商业模式创新、全球化产品竞合等方面依然存在明显的“市场失灵”，集群在发展中还面临诸多问题亟须治理。

本节在前面分析基础上，基于生态学中的生态链、共生、再生、共栖等理论，分别丰富和完善基于生态链协同发展的创新生态系统演化机制、基于共生的协同创新治理机制、基于再生的商业模式创新协同机制、基于共栖的全球竞争合作协同机制，有望为促进该类新兴产业集群快速发展提供理论参考和实践指导。

第 8 章

总结与展望

8.1 主要结论

本书对国内外战略性新兴产业集群发展现状及支撑理论进行了综述、评论，梳理出集群发展面临的一些关键问题、理论基础，由此制定出研究的技术路线。在研究过程中，采用了归纳总结与对比研究相结合、理论研究与演绎分析相结合、数学建模与模拟仿真相结合、理论分析与实证研究相结合等研究方法。本书以战略性新兴产业集群生态位关系协同、生态位因素协同、生态位适宜度评价为主线，对战略性新兴产业集群内知识交互关系及演化过程、组织种群交互关系及演化、影响因素及作用路径、生态适宜度等进行了系统研究，取得的主要成果如下：

第一，设计了战略性新兴产业集群协同发展模式。本书基于产业集群理论、生态位理论等，从生态位关系协同、生态位因素协同、生态位维度协同、生态位治理协同等方面构建了战略性新兴产业集群协同发展框架，对上述方面了深入研究，揭示了该类战略集群协同发展的机理和推动协同发展了“抓手”。

第二，揭示了战略性新兴产业集群内知识交互、组织种群交互关系及演化机理。本书基于博弈论、种群动力学等理论，分别设计基于知识生态交互的产业技术创新协调模式、基于知识生态螺旋的产业技术双元创新协调模式、基于知识生态耦合的产业技术创新双调节模式，探索利用生态位关系调节优化战略性新兴产业技术创新方法。

第三，拓展了产业技术创新的传统建模方法。本书将传统经济学中的效用模型、AJ 模型等与生态学中的 Lotka - Volterra 系统动力模型的集成，拓展了传统经济学中投入产出建模方法和生态学的相关建模方法。

第四，深化了战略性新兴产业集群的实证研究。本书通过设置生态位因素筛选原则，从资源生态位、技术生态位、市场生态位、服务生态位、制度生态位等方面遴选生态位因素指标，基于熵权—灰色关联方法分析了该类产业集群的影响因素，并构建了该类产业集群协同发展模型，以净利润为参考序，基于熵权—灰色关联方法揭示了影响该类产业集群经济效益增长的影响因素。在此基础上，构建了该类产业集群协同发展模型，利用实证研究揭示了影响该类产业集群经济规模、经济效益和社会效益的影响因素及作用路径。

第五，构建了面向战略性新兴产业集群的生态位适宜度模型。本书结合对战略性新兴产业集群影响因素及作用路径的分析，构建集群发展的生态位适宜度评价模型，评价该类产业集群发展状态，揭示集群与环境适应的优化条件，为集群生态位的优化以及集群的快速发展提供参考依据。

第六，丰富和完善了 4 种战略性新兴产业集群发展机制。本书分别从生态链协同、共生、再生、共栖等角度，对该类产业集群发展的关键环节，提出了基于生态链协同发展的创新生态系统演化机制、基于共生的协同创新治理机制、基于再生的商业模式创新协同机制、基于共栖的全球竞争合作协同机制等，为全面推动战略性新兴产业集群的协同发展提供了新的建设思路。

8.2 研究不足及展望

作为“后发”国家，战略性新兴产业集群是我国实现经济结构转型升级和发展战略性新兴产业的重要“抓手”。本书从生态位理论视角，对战略性新兴产业集群发展特点以及集群知识交互、组织种群交互关系、资源配置、协同创新等方式进行了深度讨论，得到了一些结论和管理其实，为相关的理论研究和实践应用提供了一些参考。

但是，作为一种新型集群发展形态，针对战略性新兴产业集群的管理思想、方法、技术等，无论是从理论角度，还是从实践角度，都有待深度挖掘。另外，由于研究能力、水平和时间的限制，书中不可避免存在一些不足。因此，研究内容中涉及的主体知识交互关系、组织种群交互关系、影响因素及作用路径、数据采集等方面仍有待下一步更加深入的研究，如：

在研究样本采集与典型案例的分析方面，我国战略性性产业集群发展时间较短，权威的统计口径及相关数据有限，本书主要采用了统计数据相对完善的北京中关村、武汉东湖高新区、成都高新区等典型样本，还缺少对不同层次战略性新兴产业集群样本的采集。另外，本书通过对比研究收集数据，结合设定的指标及原则，最后选择北京中关村作为典型案例开展分析，还缺少对不同层次战略性新兴产业集群中典型案例的系列研究。

在集群发展生态性的深入研究方面，本书仅仅对战略性新兴产业集群中知识交互关系、组织种群交互关系及演化模式等进行了讨论，如何全面、系统地分析战略性新兴产业集群中各类主体、各类知识交互关系及演化均衡，对战略性新兴产业集群中构建的知识生态系统、种群生态系统及演化过程进行系统、全面讨论，丰富和拓展产业集群中的知识生态系统、种群生态系统等相关理论与分析方法，将是下一步需要不断完善的重点。

在产业发展的差异化研究方面，不同的战略性新兴产业间也存在较大差异，如何细分战略性新兴产业集群（如新能源、新材料、新一代信息技术、高端装备制造等），结合该类产业集群的特点，深入剖析资源生态位、技术生态位、市场生态位、服务生态位等生态因素对该类产业集群发展影响机理（影响因素及作用路径），探索差异化、个性化的协同发展机制并以此推动产业集群发展取得最大效用，由此设计面向不同产业集群发力机制。

在政府投入效率研究方面，战略性新兴产业集群中创新创业行为具有产业导向的准公共性，如何结合具体的战略性新兴产业集群及其特点，对其中的知识、资金、公共服务等投入政策开展研究，以期优化政府投入资源的效率也是值得深入研究的方向。

附录 指标解释

根据《国家统计局年鉴》《国家高新区创新能力评价报告》《中国火炬统计年鉴》《北京区域统计年鉴》《海淀区统计年鉴》等相关年鉴以及其他相关文献整理界定的部分名词：

1. 资源生态位

建成区面积：指城市行政区内实际已成片开发建设、市政公用设施和公共设施基本具备的区域。对核心城市，它包括集中连片的部分以及分散的若干个已经成片建设起来的，市政公用设施和公共设施基本具备的地区；对一城多镇来说，它包括由几个连片开发建设起来的，市政公用设施和公共设施基本具备的地区组成。因此建成区范围，一般是指建成区外轮廓线所能包括的地区，也就是这个城市实际建设用地所达到的范围。

城市建设用地面积：指城市和县人民政府所在地镇内的居住用地、公共管理与公共服务用地、商业服务业设施用地、工业用地、物流仓储用地、交通设施用地、公用设施用地、绿地。

从业人员：指在各级国家机关、党政机关、社会团体及企业、事业单位中工作，取得工资或其他形式的劳动报酬的全部人员，包括在岗职工、聘用的离退休人员，在单位中工作的港澳台及外籍人员、兼职人员、借用的外单位人员和第二职业者，不包括本单位的不在岗职工。

企业总数：本书指创新示范区里所有企业，反映了创新示范区的规模大小。

资产总计：指企业过去的交易或者事项形成的、由企业拥有或者控制的、预期会给企业带来经济利益的资源。资产一般按流动性分为流动资产和非流动资产，其中流动资产可分为货币资金、交易性金融资产、应收票据、应收账款、预付款项、其他应收款、存货等；非流动资产可分为长期股权投资、固定资产、无形资产及其他非流动资产等。

固定资产投资：指以货币表现的建造和购置固定资产活动的工作量，反映创新示范区企业的固定资产投资规模、速度、比例关系和使用方向的综合性指标。

新增固定资产投资：指报告期内交付使用的固定资产价值。包括本年内建成投入生产或交付使用的工程投资和达到固定资产标准的设备、工具、器具的投资及有关应摊入的费用。属于增加固定资产价值的其他建设费用，应随同交付使用的工程一并计入新增固定资产。

科技活动经费支出总额：指用于科学技术方面的支出，包括科学技术管理事务、基础研究、应用研究、技术研究与开发、科技条件与服务、社会科学、科学技术普及、科技交流与合作等。《北京区域统计年鉴2016》

2. 技术生态位

专利申请数：指企业在报告年度内向专利行政部门提出专利申请并被受理的件数。《北京区域统计年鉴 2016》

专利授权数：指企业在报告年度内获得专利行政部门授权的专利的件数。《北京区域统计年鉴 2016》

科技活动人员：指报告年度调查单位直接从事科技活动以及从事科技活动管理和为科技活动提供直接服务的人员。直接从事科技活动人员包括：在单位办的研究室、实验室、技术开发中心及中试车间（基地）等机构中从事科技活动的人员；虽不在上述机构工作，但编入科技活动项目（课题）组的人员等。从事科技活动管理和为科技活动提供直接服务的人员包括：与科技活动相关的行政管理人员以及直接为科技活动提供资料文献、材料供应、设备维护等服务的人员。《北京区域统计年鉴2014》

3. 制度生态位

财政投入：本书界定为政府公共财政预算中拨款给创新示范区的科学技术专项资金支出金额，反映政府对创新示范区的扶持力度。

外商投资：本书界定为外商实际的投资额，反应外商对创新示范区创新活动的贡献力度。

进出口总额：指实际进、出我国海关并能引起我国境内物质资源增加或减少的进出口货物总金额。包括我国境内法人和其他组织以一般贸易、易货贸易、加工贸易、补偿贸易、寄售代销贸易等方式进出口的货物、租赁期一年及以上的租赁进出口货物、边境小额贸易货物、国际援助物资或捐赠品、保税区和保税仓库进出口货物等的金额合计。进出口总额用以观察一个国家在对外贸易方面的总规模。我国规定出口货物按离岸价格统计，进口货物按到岸价格统计。《北京区域统计年鉴 2014》

4. 服务生态位

社会融资：本书界定为企业为了促进技术成果的转化和进入市场，通过非传统银行贷款渠道筹集资金的活动。

企业入孵化器数：反映创新示范区的基础条件和服务能力。《国家高新区创新能力评价报告 2015》

孵化器数：本书反映创新示范区服务创新和创新成果产业化的配套环境。

企业入孵化器数占企业总数比例：本书该指标反映了创新示范区在孵企业数占示范区企业总数的份额。

5. 市场生态位

营业收入：本书指各类企业销售商品、产品、提供劳务以及其他主营业务所取得的收入，即企业在一定时期内，按照规定的价格销售商品、生产产品或按规定的收费标准提供劳务所获得的货币金额。

技术收入：本书指反映创新示范区企业进行技术开发、技术转让、技术咨询服务等带来的收益。

产品销售收入：指企业在报告期内生产的成品、自制半成品和工业性劳务取得的收入（统计年鉴主要统计指标解释）。

新产品销售收入：指报告期企业销售新产品实现的销售收入。新产品是指采用新技术原理、新设计构思研制、生产的全新产品，或在结构、材质、工艺等某一方面比原有产品有明显改进，从而显著提高了产品性能或扩大了使用功能的产品。既包括经政府有关部门认定并在有效期内的新产品，也包括企业自行研制开发，未经政府有关部门认定，从投产之日起一年之内的新产品。（中华人民共和国国家统计局指标解释）。

扣除新产品后的产品销售收入：本书指扣除产品销售收入中的新产品销售部分。

商品销售收入：本书指对商业企业来说的，以卖商品为主的收入。包括：自购自销商品的销售收入以及代理的销售收入和接受其他单位代销商品的销售收入以及代购代销手续收入（统计年鉴主要统计指标解释）。

其他收入：本书主要指企业的财政拨款收入、租赁收入、特许权使用收入、股利息、红利收入以外的其他收入等。

6. 集群发展

工业总产值：指工业企业在报告期内生产的以货币形式表现的工业最终产品和提供工业劳务活动的总价值量，包括在本企业内不再进行加工，经检验、包装入库（规定不需包装的产品除外）的成品价值，对外加工费收入，自制半成品、在制品期末期初差额价值。工业总产值采用“工厂法”计算，即以工业企业作为一个整体，按企业生产活动的最终成果来计算。《北京区域统计年鉴 2016》

工业增加值：是指工业企业在报告期内以货币形式表现的工业生产活动的最终成果，反映企业生产过程中新创造的价值。《北京区域统计年鉴 2014》

净利润：本书指从利润总额中按规定缴纳了所得税后企业的利润留成，一般也称为税后利润或净利润。

利润总额：指企业在一定会计期间的经营成果，是生产经营过程中

各种收入扣除各种耗费后的盈余，反映企业在报告期内实现的亏盈总额。《北京区域统计年鉴 2012》

实际上缴税费总额：指企业按税法规定，从事货物销售或提供加工、修理修配劳务等增加货物价值的活动本期应缴纳的税金。《北京区域统计年鉴 2016》

参考文献

[1] 曹群．产业集群的升级：基于动态能力的观点 [J]．学术交流，2006 (9)：121-123.

[2] 曹霞，刘国巍，付向梅，李博．基于网络视角的知识整合过程机理及仿真 [J]．科学学研究，2012，30 (6)：886-894.

[3] 陈勇江．产业集群“市场失灵”中的政府职能定位 [J]．中国行政管理，2009 (5)：68-70.

[4] 陈志松．前景理论视角下考虑战略顾客行为的供应链协调研究 [J]．管理工程学报，2017，31 (4)：93-100.

[5] 崔蕊，霍明奎．产业集群知识协同创新网络构建 [J]．情报科学，2016，34 (1)：155-159+166.

[6] 大卫·布林尼．生态学 [M]．北京：生活·读书·新知三联书店，2003：6-7.

[7] 戴万亮，张慧颖，金彦龙．内部社会资本对产品创新的影响：知识螺旋的中介效应 [J]．科学学研究，2012 (8)：1263-1271.

[8] 董小英，晏梦灵，余艳．企业创新中探索与利用活动的分离—集成机制——领先企业双元能力构建研究 [J]．中国软科学，2015 (12)：103-119.

[9] 杜欣，邵云飞．基于联盟间知识互动关系的联盟组合策略研究 [J]．预测，2017，36 (6)：69-74.

[10] 冯新舟，何自力．组织知识创新及其管理 [J]．中国科技论坛，2010 (2)：28-31.

[11] Graedel T E, Allenby B R. 施涵译. 产业生态学（第2版）[M]. 北京：清华大学出版社，2004.

[12] 顾新. 区域创新系统的失灵及完善措施 [J]. 四川大学学报（哲学社会科学版），2001（3）：137－141.

[13] 顾新. 区域创新系统论 [M]. 四川：四川大学出版社，2005.

[14] 郭立伟. 新能源产业集群发展机理与模式研究 [D]. 杭州：浙江大学，2014.

[15] 郭立伟. 新能源产业集群文献述评 [J]. 经济问题探索，2016（12）：184－190.

[16] 郭燕青，姚远，徐菁鸿. 基于生态位适宜度的创新生态系统评价模型 [J]. 统计与决策，2015（15）：13－16.

[17] 郭元源，池仁勇，段姗. 科技中介功能、网络位置与产业集群绩效——基于浙江省典型产业集群的实证研究 [J]. 科学学研究，2014，32（6）：841－851＋872.

[18] 国务院发展研究中心. 战略性新兴产业数据库 [EB/OL]. http：//emerging. drcnet. com. cn/www/emerging/.

[19] 国务院. 国务院关于加快培育和发展战略性新兴产业的决定 [R]. 中华人民共和国国务院公报，2010.

[20] 国务院. "十二五"国家战略性新兴产业发展规划 [R]. 中华人民共和国国务院公报，2012.

[21] 国务院. "十三五"国家战略性新兴产业发展规划 [R]. 中华人民共和国国务院公报，2016.

[22] 何彬，范硕. 韩国创新集群演化及其影响因素研究 [J]. 科研管理，2014，35（9）：36－43.

[23] 洪银兴. 科技创新中的企业家及其创新行为——兼论企业为主体的技术创新体系 [J]. 中国工业经济，2012（6）：83－93.

[24] 洪勇，张红虹. 新兴产业培育政策传导机制的系统分析——兼

评中国战略性新兴产业培育政策［J］．中国软科学，2015（6）：8－19.

［25］胡海青，李智俊，张道宏．高新技术网络企业知识创新能力影响因素分析——基于西安高新区企业的实证研究［J］．管理评论，2011，23（10）：56－65.

［26］胡园园，顾新，程强．知识链协同效应作用机理实证研究［J］．科学学研究，2015，33（4）：585－594.

［27］黄波，李宇雨，黄伟．双层委托代理下投资基金参与合作研发对赌协议设计［J］．研究与发展管理，2015，27（4）：75－84.

［28］黄纯，龙海波．政府辅助性制度工作、制度逻辑与集群升级——基于余姚和安吉两地集群演化的案例研究［J］．管理世界，2016（6）：148－166.

［29］黄西川，张天一．军民融合高技术产业集群创新能力评价——来自江苏省5个军民融合产业集群的实证研究［J］．科技进步与对策，2017，34（14）：147－153.

［30］黄晓，胡汉辉．产业集群问题最新研究评述与未来展望［J］．软科学，2013，27（1）：5－9.

［31］霍国庆，李捷，王少永．我国战略性新兴产业战略效应的实证研究［J］．中国软科学，2017（1）：127－138.

［32］贾卫峰，党兴华．技术创新网络中核心企业形成的三状态模型研究——基于企业间关系耦合的分析［J］．科学学研究，2010，28（11）：1750－1757.

［33］蒋天颖，程聪．企业知识转移生态学模型［J］．科研管理，2012，33（2）：130－137.

［34］李浩．社会资本视角下的网络知识管理框架及进展研究［J］．管理世界，2012（3）：158－169.

［35］李奎，陈丽佳．基于创新双螺旋模型的战略性新兴产业促进政策体系研究［J］．中国软科学，2012（12）：179－187.

［36］李绍荣，李雯轩．我国区域间产业集群的“雁阵模式”——

基于各省优势产业的分析［J］. 经济学动态，2018（1）：86－102.

［37］李扬，沈志渔．战略性新兴产业集群的创新发展规律研究［J］. 经济与管理研究，2010（10）：29－34.

［38］李煜华，王月明，胡瑶瑛．基于结构方程模型的战略性新兴产业技术创新影响因素分析［J］. 科研管理，2015，36（8）：10－17.

［39］林筠，郭敏．知识流与技术能力：探索和利用性学习的中介作用［J］. 科研管理，2016，37（6）：65－73.

［40］林婷婷．产业技术创新生态系统研究［D］. 哈尔滨：哈尔滨工程大学，2012.

［41］林学军．战略性新兴产业的发展与形成模式研究［J］. 中国软科学，2012（2）：26－34.

［42］刘兰剑，赵志华．财政补贴退出后的多主体创新网络运行机制仿真——以新能源汽车为例［J］. 科研管理，2016，37（8）：58－66.

［43］刘铁，王九云．发达国家战略性新兴产业的经验与启示［J］. 学术交流，2011（9）：109－113.

［44］刘铁，王九云．区域战略性新兴产业选择过度趋同问题分析［J］. 中国软科学，2012（2）：115－127

［45］刘文光．区域科技创业生态系统运行机制与评价研究［D］. 天津：天津大学，2012.

［46］刘志阳，程海狮．战略性新兴产业的集群培育与网络特征［J］. 改革，2010（5）：36－42.

［47］刘志阳，苏东水．战略性新兴产业集群与第三类金融中心的协同演进机理［J］. 学术月刊，2010，42（12）：68－75.

［48］刘志阳，姚红艳．战略性新兴产业的集群特征、培育模式与政策取向［J］. 重庆社会科学，2011（3）：49－55.

［49］龙跃，顾新，廖元和．基于知识生态转化的产业技术创新主从协调研究［J］. 科学学与科学技术管理，2018，39（2）：104－115.

［50］龙跃，顾新，张莉．产业技术创新联盟知识交互的生态关系

及演化分析［J］. 科学学研究，2016，34（10）：1583－1592.

［51］龙跃，顾新，张莉. 基于知识转移生态演化的产业技术创新协调研究［J］. 科学学与科学技术管理，2016，37（12）：62－72.

［52］龙跃，顾新，张莉. 开放式创新下组织间知识转移的生态学建模及仿真［J］. 科技进步与对策，2017，34（2）：128－133.

［53］龙跃，顾新. 基于知识投入和转移演化的产业技术创新博弈研究［J］. 软科学，2017，31（1）：24－28＋43.

［54］龙跃，尹华川. 中小企业创新驱动发展研究［M］. 北京：经济科学出版社，2016.

［55］龙跃. 产业技术创新联盟协调模式研究：基于知识交互关系演化视角［M］. 北京：经济科学出版社，2017.

［56］龙跃. 基于生态位调节的战略性新兴产业集群协同演化研究［J］. 科技进步与对策，2018，34（2）：128－133.

［57］龙跃. 知识创新研究综述与评析［J］. 情报杂志，2013，32（2）：88－92.

［58］芦彩梅，梁嘉骅. 产业集群协同演化模型及案例分析——以中山小榄镇五金集群为例［J］. 中国软科学，2009（2）：142－150＋172.

［59］陆立军，于斌斌. 传统产业与战略性新兴产业的融合演化及政府行为：理论与实证［J］. 中国软科学，2012（5）：28－39.

［60］陆小成. 产业集群协同演化的生态位整合模式研究［D］. 长沙：中南大学，2008.

［61］吕薇. 我国产业技术发展阶段与创新模式［J］. 中国软科学，2013（12）：1－7.

［62］吕晓军. 政府补贴与企业技术创新投入——来自 2009～2013 年战略性新兴产业上市公司的证据［J］. 科学学研究，2016，30（12）：1－5.

［63］罗颖，王腾，易明. 开放式创新与产业集群创新绩效的关联机理研究［J］. 管理学报，2017，14（2）：229－234.

［64］马歇尔. 经济学原理［M］. 北京：商务印书馆，1964.

［65］梅亮，陈劲，刘洋．创新生态系统：源起、知识演进和理论框架［J］．科学学研究，2014，32（12）：1771－1780.

［66］孟卫军，张子健．供应链企业间产品创新合作下的政府补贴策略［J］．系统工程学报，2010，25（3）：359－364.

［67］潘冬，石常峰．生态位视域下的科技企业孵化器技术创新服务研究［J］．科学管理研究，2014，32（4）：4－7.

［68］彭巍，郭伟，赵楠，王磊．基于生态位的云制造生态系统主体竞争合作演化模型［J］．计算机集成制造系统，2015，21（3）：840－847.

［69］阮建青，石琦，张晓波．产业集群动态演化规律与地方政府政策［J］．管理世界，2014（12）：79－91.

［70］单子丹，高长元，陈晓利．开放式知识交换路径的识别及网络效应分析——基于技术创新网络视角［J］．科研管理，2017，38（12）：58－69.

［71］邵敏，包群．政府补贴与企业生产率——基于我国工业企业的经验分析［J］．中国工业经济，2012（7）：70－82.

［72］盛光华，张志远．补贴方式对创新模式选择影响的演化博弈研究［J］．管理科学学报，2015，18（9）：34－45.

［73］石磊，陈伟强．中国产业生态学发展的回顾与展望［J］．生态学报，2016，36（22）：7158－7167.

［74］宋歌．战略性新兴产业集群式发展研究［D］．武汉：武汉大学，2013.

［75］宋燕飞，尤建新，邵鲁宁，郭兵．电动汽车企业生态位的态势效率评价［J］．同济大学学报（自然科学版），2015，43（6）：951－957.

［76］苏萍．基于战略性新兴产业集群的区域共享平台服务模式研究［D］．哈尔滨：哈尔滨理工大学，2016.

［77］宿慧爽，李春好．国家高新技术产业开发区创新集群培育研究［J］．中国行政管理，2012（12）：103－106.

[78] 隋俊，毕克新，杨朝均，刘刚. 制造业绿色创新系统创新绩效影响因素——基于跨国公司技术转移视角的研究 [J]. 科学学研究，2015，33 (3)：440 - 448.

[79] 孙冰，龚希，余浩. 网络关系视角下技术生态位态势研究——基于东北三省新能源汽车产业的实证分析 [J]. 科学学研究，2013，31 (4)：518 - 528.

[80] 孙冰，袭希，余浩. 网络关系视角下技术生态位态势研究——基于东北三省新能源汽车产业的实证分析 [J]. 科学学研究，2013，31 (4)：518 - 528.

[81] 孙冰，徐晓菲，姚洪涛. 基于 MLP 框架的创新生态系统演化研究 [J]. 科学学研究，2016，34 (8)：1244 - 1254.

[82] 孙丽文，李跃. 京津冀区域创新生态系统生态位适宜度评价 [J]. 科技进步与对策，2017，34 (4)：47 - 53.

[83] 孙晓华，王林. 范式转换、新兴产业演化与市场生态位培育——以新能源汽车为例 [J]. 经济学家，2014 (5)：54 - 62.

[84] 覃荔荔，王道平，周超. 综合生态位适宜度在区域创新系统可持续性评价中的应用 [J]. 系统工程理论与实践，2011，31 (5)：927 - 935.

[85] 唐建荣，汪肖肖，潘洁. 物流产业集群“生态位适宜度”实证研究 [J]. 华东经济管理，2015，29 (11)：102 - 107.

[86] 万幼清，王云云. 产业集群协同创新的企业竞合关系研究 [J]. 管理世界，2014 (8)：175 - 176.

[87] 汪克强. 发展新兴产业的三个战略问题 [N]. 学习时报，2013 - 02 - 04 (7).

[88] 汪晓梦. 区域性技术创新政策绩效评价的实证研究——基于相关性和灰色关联分析的视角 [J]. 科研管理，2014，35 (5)：38 - 43.

[89] 王发明，刘丹. 产业技术创新联盟中焦点企业合作共生伙伴选择研究 [J]. 科学学研究，2016，34 (2)：246 - 251.

[90] 王节祥，蔡宁，盛亚．龙头企业跨界创业、双平台架构与产业集群生态升级——基于江苏宜兴“环境医院”模式的案例研究 [J]．中国工业经济，2018 (2)：157－175.

[91] 王启万，王兴元．战略性新兴产业集群品牌生态系统研究 [J]．科研管理，2013，34 (10)：153－160.

[92] 王少永，霍国庆，孙皓，杨阳．战略性新兴产业的生命周期及其演化规律研究——基于英美主导产业回溯的案例研究 [J]．科学学研究，2014，32 (11)：1630－1638.

[93] 王胜兰．基于期权契约的三级品牌专营供应链协调研究 [D]．成都：西南财经大学，2010.

[94] 王伟光，马胜利，姜博．高技术产业创新驱动中低技术产业增长的影响因素研究 [J]．中国工业经济，2015 (3)：70－82.

[95] 王玮，陈丽华．技术溢出效应下供应商与政府的研发补贴策略 [J]．科学学研究，2015，33 (3)：363－368.

[96] 王先甲，周亚平，钱桂生．生产商规模不经济的双渠道供应链协调策略选择 [J]．管理科学学报，2017，20 (1)：17－31.

[97] 王战营．产业集群发展中的政府行为及其评价研究 [D]．武汉：武汉理工大学，2013.

[98] 王铮．面向创新的开放知识资源管理若干理论问题研究 [J]．图书情报工作，2015，59 (5)：31－39.

[99] 王智生，李慧颖．基于 Stackelberg 博弈的 R&D 联盟知识转移决策模型 [J]．科研管理，2016，37 (6)：74－83.

[100] 王忠宏，石光．发展战略性新兴产业推进产业结构调整 [J]．中国发展观察，2010 (1)：12－14.

[101] 温家宝．让科技引领中国可持续发展 [D]．北京：科技日报，2009－11－24.

[102] 吴绍波，顾新．战略性新兴产业创新生态系统协同创新的治理模式选择研究 [J]．研究与发展管理，2014，26 (1)：13－21.

［103］ 伍春来，赵剑波，王以华．产业技术创新生态体系研究评述［J］. 科学学与科学技术管理，2013，34（7）：113－121.

［104］ 武光，欧阳桃花，姚唐．战略性新兴产业情境下的企业商业模式动态转换：基于太阳能光伏企业案例［J］. 管理评论，2015，27（11）：217－230.

［105］ 现代汉语词典［M］. 北京：商务印书馆，1996.

［106］ 项国鹏，宁鹏，罗兴武．创业生态系统研究述评及动态模型构建［J］. 科学学与科学技术管理，2016，37（2）：79－87.

［107］ 熊彼特著，何畏，易家详，译．经济发展理论［M］. 北京：商务印书馆，1990.

［108］ 熊正德，詹斌，林雪．基于 DEA 和 Logit 模型的战略性新兴产业金融支持效率［J］. 系统工程，2011，29（6）：35－41.

［109］ 徐可，何桢，王瑞．供应链关系质量与企业创新价值链——知识螺旋和供应链整合的作用［J］. 南开管理评论，2015，18（1）：108－117.

［110］ 许晖，王琳，张阳．国际新创企业创业知识溢出及知识整合机制研究［J］. 管理世界，2015（6）：141－153.

［111］ 许箫迪，王子龙，张晓磊．战略性新兴产业的培育机理与政策博弈研究［J］. 研究与发展管理，2014，26（1）：1－12.

［112］ 薛澜，林泽梁，梁正，陈玲，周源，王玺．世界战略性新兴产业的发展趋势对我国的启示［J］. 中国软科学，2013（5）：18－26.

［113］ 薛澜，林泽梁，梁正．世界战略性新兴产业的发展趋势对我国的启示［J］. 中国软科学，2013（5）：18－26.

［114］ 闫华飞．创业行为、创业知识溢出与产业集群发展绩效［J］. 科学学研究，2015，33（1）：98－105＋153.

［115］ 颜永才．产业集群创新生态系统的构建及其治理研究［D］. 武汉：武汉理工大学，2013.

［116］ 杨震宁，李晶晶．技术战略联盟间知识转移，技术成果保护

与创新［J］. 科研管理，2013，34（8）：17-26.

［117］姚远. 基于直觉模糊集的创新生态位适宜度评价方法研究［D］. 沈阳：辽宁大学，2016.

［118］叶飞，孙东川. 面向全生命周期的虚拟企业组建与运作［M］. 北京：机械工业出版社，2005.

［119］叶芬斌，许为民. 技术生态位与技术范式变迁［J］. 科学学研究，2012，30（3）：321-327.

［120］于斌斌. 演化经济学理论体系的建构与发展：一个文献综述［J］. 经济评论，2013（5）：139-146.

［121］余东华，芮明杰. 基于模块化网络组织的知识流动研究［J］. 南开管理评论，2007（4）：11-16+28.

［122］余维新，顾新，熊文明. 产学研知识分工协同理论与实证研究［J］. 科学学研究，2017，35（5）：737-745.

［123］喻登科，涂国平，陈华. 战略性新兴产业集群协同发展的路径与模式研究［J］. 科学学与科学技术管理，2012，33（4）：114-120.

［124］袁增伟，毕军. 产业生态学最新研究进展及趋势展望［J］. 生态学报，2006，26（8）：2709-2715.

［125］岳中刚. 战略性新兴产业技术链与产业链协同发展研究［J］. 科学学与科学技术管理，2014，35（2）：154-161.

［126］曾德明，韩智奇，邹思明. 协作研发网络结构对产业技术生态位影响研究［J］. 科学学与科学技术管理，2015，36（3）：87-93.

［127］曾国屏，苟尤钊，刘磊. 从“创新系统”到“创新生态系统”［J］. 科学学研究，2013，31（1）：4-12.

［128］詹湘东，王保林. 知识生态与都市圈创新系统研究——基于文献的述评［J］. 科学学研究，2014，32（12）：1909-1920.

［129］张彩江，陈璐. 政府对企业创新的补助是越多越好吗？［J］. 科学学与科学技术管理，2016，37（11）：11-19.

［130］张近乐，易晨晨，葛晶. 我国西部地区航空航天制造业发展

对策研究——基于熵权—灰色关联模型 [J]. 科技进步与对策，2015，32 (17)：77-81.

[131] 张雷勇，冯锋，肖相泽，马雷，付苗. 产学研共生网络：概念、体系与方法论指向 [J]. 研究与发展管理，2013，25 (2)：37-44.

[132] 张鹏，李全喜，张健. 基于生态学种群视角的供应链企业知识协同演化模型 [J]. 情报科学，2016 (11)：150-153.

[133] 张炎炎，张锐. 战略生态学：战略理论发展的新方向 [J]. 科学学研究，2003 (1)：35-40.

[134] 张治河，黄海霞，谢忠泉，孙丽杰. 战略性新兴产业集群的形成机制研究——以武汉·中国光谷为例 [J]. 科学学研究，2014，32 (1)：24-28.

[135] 赵波. 产业集群特征与创新绩效关系实证研究——以陶瓷产业集群为例 [J]. 软科学，2011，25 (11)：19-23.

[136] 赵进. 产业集群生态系统的协同演化机理研究 [D]. 北京：北京交通大学，2011.

[137] 赵琨，隋映辉. 基于创新系统的产业生态转型研究 [J]. 科学学研究，2008，26 (1)：191-198.

[138] 赵炎，冯薇雨，郑向杰. 联盟网络中派系与知识流动的耦合对企业创新能力的影响 [J]. 科研管理，2016，37 (3)：51-58.

[139] 赵炎，王琦，郑向杰. 网络邻近性、地理邻近性对知识转移绩效的影响 [J]. 科研管理，2016，37 (1)：128-136.

[140] 赵玉林，李丫丫. 技术融合、竞争协同与新兴产业绩效提升——基于全球生物芯片产业的实证研究 [J]. 科研管理，2017，38 (8)：11-18.

[141] 郑永彪，张磊. 基于委托代理模型的企业创新管理研究 [J]. 科研管理，2013，34 (9)：36-45.

[142] 周浩. 企业集群的共生模型及稳定性分析 [J]. 系统工程，2003 (4)：33-35.

[143] 周晶. 战略性新兴产业发展现状及地区分布 [J]. 统计研究, 2012, 29 (9): 24-30.

[144] 周宇, 熊中楷, 陈树桢. 装配供应链上新产品开发管理研究 [J]. 工业工程与管理, 2010, 15 (4): 5-9.

[145] 朱海燕. 产业集群升级: 内涵、关键要素与机理分析 [J]. 科学学研究, 2008, 26 (S2): 380-390.

[146] 朱建民, 史旭丹. 产业集群社会资本对创新绩效的影响研究——基于产业集群生命周期视角 [J]. 科学学研究, 2015, 33 (3): 449-459.

[147] 庄品. 供应链协调控制机制研究 [D]. 南京: 南京航空航天大学, 2005.

[148] Aspremont C, Jacquemin A. Cooperative and noncooperative R&D in duopoly with spillovers [J]. American Economic Review, 1988, 78 (5): 1133-1137.

[149] Ben S, Liu C, Madhavan R. DiffuNet: The impact of network structure on diffusion of innovation [J]. European Journal of Innovation Management, 2005, 8 (2): 242-262.

[150] Bhaskaran S R, Krishnan V. Effort, revenue, and cost sharing mechanisms for collaborative new product development [J]. Management Science, 2009, 55 (7): 1152-1169.

[151] Bray D. Knowledge Ecosystems: Technology, motivations, processes, and performance [D]. Atlanta: Emory University, 2008.

[152] Britton J.. Network Structure of an Industrial Cluster: Electronics in Toronto [J]. Environment and Planning, 2003, 35 (6): 983-1006.

[153] Capello. Spatial transfer of knowledge in high technology milieum: learning versus collective learning process [J]. Regional Studies, Cambridge, 1999, 33 (4): 353-365.

[154] Chakrabarti A S. Stochastic Lotka-Volterra equations: a model

of lagged diffusion of technology in an interconnected world [J]. Physica A Statistical Mechanics & Its Applications, 2016 (442): 214 - 223.

[155] Chen D N, Liang T P, Lin B. An ecological model for organizational knowledge management [J]. Journal of Computer Information Systems, 2010, 50 (3): 11 - 22.

[156] Chen L., Wang R., Yang J, et al. Structural complexity analysis for industrial ecosystems: A case study on Lu Bei industrial ecosystem in China [J]. Ecological Complexity, 2010 (7): 179 - 187.

[157] Cohen W M, Levinthal D A. Absorptive capacity: a new perspective on learning and innovation [J]. Administrative Science Quarterly. 1990, 35 (1): 128 - 152.

[158] Dierickx I, Cool K. Asset stock accumulation and sustainability of competitive advantage [J]. Management Science, 1989, 35 (2): 1504 - 1513.

[159] Edward U B, Mark B H. Establishing a high-technology knowledge transfer network: the practical and symbolic roles ofidentification [J]. Industrial Marketing Management, 2008, 37 (6): 641 - 652.

[160] Faems D, Janssens M, Neyens I. Alliance portfolios and innovation performance connecting structural and managerial perspectives [J]. Group Organization Management, 2012, 37 (2): 241 - 268.

[161] Fallah M H, Ibrahim S. Knowledge spillover and innovation in technological clusters [C]. Washington, DC: Proceedings, IAMOT 2004 Conference, 2004.

[162] Fang S C. The nature of knowledge management: Governing the organizational knowledge [J]. Organization and Management, 2008, 1 (2): 1 - 35.

[163] Feser J, Renhki H. High tech cluster in North Carolina [R]. University of North Carolina at Chapel Hill, 2000.

[164] Frosch R A, Gallopoulos N. Strategies for manufacturing [J].

Scientific American, 1989, 261 (3): 144 - 152.

[165] Grant R. M. Toward a Knowledge-based Theory of the Firm [J]. Strategic Management Journa, 1996 (17): 109 - 122.

[166] Griliches Z. Issues in Assessing the Contribution of Research and Development to Productivity Growth [J]. The Bell Journal of Economics, 1979, 10 (1): 92 - 116.

[167] Guan J, Chen K. Modeling the relative efficiency of national innovation systems [J]. Research Policy, 2012, 41 (1): 102 - 115.

[168] Haken H. Synergetics: An Introduction [M]. Berlin: Spring - Verlag, 1983.

[169] Hamel G. Leaditig the Revolution [M]. Boston: Harvard Business School Press, 2000.

[170] Hana U. Competitive advantage achievement through innovation and knowledge [J]. Journal of Competitiveness, 2013, 5 (1): 82 - 96.

[171] Harhoff D. Strategic spillovers and incentives for research and development [J]. Management Science, 1996, 42 (6): 907 - 925.

[172] Heriberto C, Christopher W. Pawlowski, Audrey L. Mayer, N. Theresa Hoagland. Simulated experiments with complex sustainable systems: Ecology and technology [J]. Resources, Conservation and Recycling, 2005 (44): 279 - 291.

[173] Huber G P. Organizational learning: The contributing processes and the literatures [J]. Organization Science, 1991 (2): 88 - 115.

[174] Jina K, Mooweon R, Ki H K. Revisiting Knowledge Transfer: Effects of Knowledge Characteristics on Organizational Effort for Knowledge Transfer [J]. Expert Systems with Applications, 2010, 37 (12): 8155 - 8160.

[175] Joshi K D, Saonee S, Suprateek S. Knowledge Transfer within Information Systems Development Teams: Examining the Role of Knowledge Source Attributes [J]. Decision Support Systems, 2007, 43 (2): 322 - 335.

[176] Kang M, Kim B. Embedded resources and knowledge transfer among R&D employees [J]. Journal of Knowledge Management, 2013, 17 (5): 709-722.

[177] Karim, E. The relationship between the performance of industrial clusters and renovation of small industries [J]. Research Journal of Applied Sciences, Engineering and Technology, 2013, 5 (3): 889-897.

[178] Kemp A, Schot J. Constructing Transition Paths Through the Management of Niches [M]. New Jersey: Lawrence Erlbaum Associates, 1999.

[179] Kogut B. The network as knowledge: generative rules and the emergence of structure [J]. Strategic Management Journal, 2002 (21): 405-425.

[180] Korhonen J, Snakin J P. Analysing the evolution of industrial ecosystems: concepts and application [J]. Ecological Economics, 2005, 52: 169-186.

[181] Krogh G V, Geilinger N. Knowledge creation in the ecosystem: Research imperatives [J]. European Management Journal, 2014 (32): 155-163.

[182] Kumar R, Nti K O. Differential learning and interaction in alliance dynamics: A process and outcome discrepancy model [J]. Management Science, 1998, 9 (3): 356-367.

[183] Langlois R. Modularity in technology and organization [J]. Journal of Economic Behavior and Organization, 2002 (49): 19-37.

[184] Liu Fengchao, Simon D F, Sun Yutao, et al. China's innovation policies: Evolution, institutional structure, and trajectory [J]. Research Policy, 2011, 40 (7): 917-931.

[185] Long. C, Zhang X. B.. Cluster-based industrialization in china: financing and performance [J]. Journal of international Economics, 2011 (84): 112-123.

[186] Longman Dictionary of Contemporary English [M]. Pearson Education Lim ited, 2001.

[187] Luo X, Kanuri V K, Andrews M. How does CEO tenurematter? The mediating role of firm employee and firm customer relationships [J]. Strategic Management Journal, 2014, 35 (4): 492 -511.

[188] Malerba F. Innovation and the evolution of industries [J]. Journal of Evolutionary Economics, 2006, 16 (1 -2): 3 -23.

[189] March J G. Rationality, Foolishness, and Adaptive Intelligence [J]. Strategic Management Journal, 2006, 27 (3): 201 -214.

[190] Maura S. Condition for knowledge sharing incompetitive alliances [J]. European Management Journal, 2004, 21 (5): 578 -587.

[191] Moore J F. Predators and prey: a new ecology of competition [J]. Harvard Business Review, 2007, 32 (3): 75 -86.

[192] Mowery D, Rosenberg N. The Influence of Market Demand upon Innovation [J]. Research Policy, 1979 (8): 102 -153.

[193] Nonaka. I. , Takeuchi. H. The knowledge creating company: how Japanese companies create the dynamics of innovation [M]. New York: Oxford University Press. 1995.

[194] Pistorius C W I, Utterback J M. A Lotka - Volterra model for multi-mode technological interaction: modeling competition, symbiosis and predator prey modes [J]. Access & Download Statistics, 1996 (3): 62 -71.

[195] Porter M E. Clusters and the new economics of competition [J]. Harvard Business, 1998 (11/12): 77 -90.

[196] Porter M E. The Competitive Adavantage of Nations [M]. New York: The Free Press, 1990.

[197] Porter M. Location, Competition, and Economic Development: local Cluster in Global Eeonomy [J]. Economic Development Qualterly, 2000 (14): 15 -20.

[198] Reilly C A, Tushman M L. Organizational Ambidexterity in Action: How Managers Explore and Exploit [J]. California Management Review, 2011, 53 (4): 5-22.

[199] Scharmer C O. Self—transcending Knowledge: Sensing and Organizing Around Emerging Opportunities [J]. Journal of Knowledge Management, 2001 (5): 137-150.

[200] Schot J, Geels F. W. Niches in Evolutionary Theories of Technical Change a Critical Survey of the Literature [J]. Evolutionary Economics, 2007 (17): 605-622.

[201] Simonin L. Ambiguity and the process of knowledge transfer in strategic alliances [J]. Strategic Management Journal, 1999, 20 (7): 595-623.

[202] Spilling R. The entrepreneurial system: On entrepreneurship in the context of a mega-event [J]. Journal of Business Research, 1996, 36 (1): 91-103.

[203] Sun Yutao, Liu Fengchao. A regional perspective on the structural transformation of China's national innovation system since 1999 [J]. Technology Forecasting and Social Change, 2010, 14 (9): 1311-1321.

[204] Tassey G. Underinvestment in Public Good Technologies [J]. The Journal of Technology Transfer, 2004 (1): 89-113.

[205] Turner N, Swart J, Maylor H. Mechanisms for Managing Ambidexterity: A Review and Research Agenda [J]. International Journal of Management Reviews, 2012, 15 (3): 317-332

[206] Vogel P. The employment outlook for youth: Building entrepreneurial ecosystems as a way forward [C]. St. Petersburg: Conference Paper for the G20 Youth Forum, 2013.

[207] Webull J. Evolutionary Game Theory [M]. Princeton: Princeton Press, 1995.

[208] Wegner D M. A computer network model of human transactive

memory [J]. Social Cognition, 1995, 13 (3): 319-339.

[209] Zott C, Amit R, Massa L. The Business Model: Recent Developments and Future [J]. Research Journal of Management, 2011, 37 (4): 1019-1042.

后　　记

目前，我国的创新驱动发展战略仍处于推进阶段，符合我国国情的战略性新兴产业集群理论研究范围、内涵以及模式等尚处于持续探索之中，加上本人研究水平、精力和时间等有限。因此，本书基于现有理论与方法开展了探索性研究，更多的机理、模式、观点还有待进一步探索和实践检验，报告中难免有不足之处，希望各位读者不吝赐教。

自2015年本项目立项以来，团队成员开展了持续研究。在研究过程中，通过实地走访、查阅、借鉴和引用了大量文献资料、数据，对比分析了我国高新区、自主创新示范区、国家新区等发展历程，遴选出北京中关村、武汉东湖、重庆高新区等研究样本，收集整理了《中国火炬统计年鉴》《北京市统计年鉴》（2008～2016）、中关村官方发布数据（2008～2016）、中关村8园统计数据（2008～2016）、武汉东湖高新区官方发布数据等；在报告写作过程中，参阅了大量专著、期刊、政策等，我已尽可能在参考文献中列出，在此，我对这些文献资料的官方机构、作者表示真诚的感谢，书中引用标注如有遗漏，还请海涵。

书稿撰写过程也是对研究生教学改革实践的探索，其中重庆工商大学硕士生赖声裕智等进行大量的资料收集、调研、数据汇总与计算等工作；另外，在出版本书过程中，得到了重庆市重大决策咨询研究课题（编号：2018ZB－10）、重庆市第四次全国经济普查研究课题（编号：sjpktzd16）、重庆市技术预见与制度创新项目（编号：cstc2018jsyj-jsyjX0002）、重庆市研究生教育教学改革研究项目（编号：yjg193102）、第六批重庆市研究生教育优质课程——技术经济学（编号：yyk193008）、重庆工商大学——重庆市渝北区临空国际贸易示范园国际商务硕士研究生联合培养基地（编号：yjd193006）、重庆工商大学研究生教育优质课程——技术经济学（编号：YZ17005）等资助，还得到了经济科学出版社李雪编辑的大力支持，在此一并表示感谢。

在研究的过程中，得到了教育部人文社科重点研究基地——长江上游经济研究中心、重庆现代商贸物流与供应链协同创新中心等多个单位、研究平台的支持。研究过程积累的数据、方法、案例，发表的学术论文等已经作为重庆工商大学研究生开展创新与创业研究的重要参考资料；在研究报告的完成和修改过程中，还得到了四川大学博士生导师顾新教授、重庆工商大学博士生导师黄志亮教授等大力支持，在此一并表示感谢。

最后，还要感谢经济科学出版社的有关同志，特别是本书编辑李雪女士，正是他们的辛勤工作使本书减少了许多错误，得以顺利出版。

作 者

2019 年 10 月于重庆